Para

Com votos de muita

paz e luz.

/   /

Eu, imigrante

An imprint of MasterBooks, LLC.
6136 NW 53rd Circle, Coral Springs, FL 33067
Email: Masterbooks@masterbooksus.com
Contact@masterbooksus.com

Masterbooks

Eu, imigrante

2nd Edition by MasterBooks, 2015.

International Cataloguing Information in Publication
Eu, imigrante / Umberto Fabbri - Florida - US

For information about bulk discounts or to purchase copies of this book, please contact MasterBooks at 954-345-9790 or contact@masterbooksus.com

Revision: Maria Esguicero
Cover by Adhemar Ribeiro and André Stenico
Electronic publishing by André Stenico

Printed in the United States of America

272 p;
ISBN   9780692528402

Eu, imigrante

Sumário

Imigrar...

No fundo de minha casa há um lago que corta o vasto condomínio em que resido, localizado no estado da Flórida. A fauna da região é belíssima. O clima quente e agradável atrai vários animais que se apresentam durante as quatro estações do ano, revezam-se, dando o ar de sua graça e majestade. Cada um com seu fascínio e encanto, ofertam aos olhos mais aguçados cenas inusitadas que demonstram a perfeição da natureza.

Esquilos e mergulhões são habitantes regionais. Já as aves, como as garças e pelicanos surgem aos montes e chegam de várias regiões do país. Muitas espécies de aves habitam o lago repleto de peixes.

A diversidade da fauna e da flora enchem os olhos e retratam o convívio harmonioso dos que aqui estão com os que chegam.

Certa espécie chama mais a atenção, os Snowbirds, ou

pássaros da neve. São aves visitantes que vêm em busca do clima quente e da comida farta. Sempre chegam por volta do mês de novembro e partem em meados de março.

Filosoficamente comparo os belos pássaros aos imigrantes que partem de sua pátria natal em busca de novas oportunidades, de possíveis conquistas, da realização de seus sonhos ou apenas da condição de pura sobrevivência.

"Eu, imigrante" é um livro que busca apresentar as dores, experiências, acertos e desacertos dos que se arriscaram a construir uma nova realidade de vida em um país distante, descrevendo algumas histórias, baseadas em fatos reais, mas que sofreram alterações para preservar a identidade de alguns personagens. Outras são fictícias, como a do personagem principal, Francisco, um advogado que chega em terras americanas, cheio de aspirações e esperanças.

Nosso objetivo é o de narrar histórias que possam contribuir de maneira benéfica para reflexões sobre nossos valores, sobre a forma como nos relacionamos com a vida e com os que nos cercam para que desta maneira seja possível imigrarmos para as terras mais perigosas e áridas de que se tem conhecimento, o nosso íntimo...

Umberto Fabbri
Coral Springs, novembro de 2013

1º CAPÍTULO

Doces e lembranças...

Nasci em uma pequena cidade do interior paulista, com uma população de aproximadamente 10 mil habitantes na época. Todos se conheciam e, em minha inocência, pensava que não havia infelicidade.

Meus pais eram católicos e escolheram meu nome em homenagem ao santo de suas predileções, Francisco Martins. Martins é o sobrenome de meu pai, mas Francisco é do santo de Assis.

Sou o único filho de um pai mecânico e mãe dona de casa, designação dada às senhoras casadas que não trabalhavam fora e que cuidavam da casa e dos filhos.

É dos anos 60 que começam as lembranças de minha tenra infância, época em que, para mim, uma criança de cinco anos, a vida parecia extremamente simples e bela.

Hoje sei que nossa casa era muito pobre, mas naquele tempo eu não tinha noção do que era riqueza, pobreza ou miséria. Em minha ingenuidade achava tudo normal, não conhecia o luxo, muito menos a fartura. Portanto, como poderia sentir falta do que sequer conhecia? Meu pai era mecânico em uma cidade muito pequena, sendo assim, como ele poderia ser rico?

Comecei a perceber minha mãe sempre em frente a um tanque de roupas que as pessoas traziam em grande quantidade. Aos poucos percebi que ela trabalhava lavando e passando roupas para ajudar no orçamento minguado que tínhamos.

Porém, com o tempo, comecei a perceber que nossa situação era muito difícil. Os poucos brinquedos que eu possuía eram velhos, alguns quebrados, doados por algum vizinho generoso. Mas quem se importava se no carrinho faltava uma roda ou duas? Meu pai não era mecânico? Não poderia ele consertar tudo?

O fato é que tenho poucas lembranças da presença de meu pai em minha infância. A quantidade de trabalho em nossa cidade não fazia frente às despesas da casa. Ele costumava visitar outras cidades circunvizinhas em busca de mais trabalho.

Com muita luta, tocávamos a vida, segundo ouvia minha mãe dizer para a vizinha.

Nas redondezas, as crianças de minha faixa etária eram poucas e, em determinados momentos, percebia que suas mães nem sempre permitiam que eu brincasse com elas. Chamavam-nas para dentro de casa quando me viam por perto. Não entendia essa situação e quando perguntava para minha mãe, as respostas eram sempre evasivas.

– É porque estava na hora do banho, do café da tarde, do almoço. Costumava dizer. Achava estranho. Por que banho na metade da manhã ou almoço no meio da tarde?

Mal sabia eu que a pobreza era vista com grande preconceito e, mesmo sem eu saber, era o retrato da penúria. Apresentava-me perante as outras crianças com roupas doadas. Meus brinquedos, quando os tinha, eram quase todos velhos e em pedaços. Mas por que se importavam tanto com isto? Não eram brinquedos? E o que tinha de errado com as minhas roupas? Mesmo que grandes demais para o meu tamanho ou velhas, não estavam limpas, costuradas e com botões?

Minha inocência, de certa forma, protegeu-me em uma época cheia de preconceitos, onde as pessoas valorizavam as outras pela aparência, por suas posses e poder.

Demorei muito tempo para entender que morava em uma casa muito pobre, uma das poucas que ainda não haviam sido demolidas. O proprietário havia falecido e o imóvel passava por um processo de inventário. Os herdeiros haviam abandonado a propriedade. Segundo soube bem mais tarde, disputavam a fortuna que o "tal do velho" havia acumulado.

Mas, meu Deus, por que brigar por uma casa velha?

Naquela ocasião eu tinha um grande amigo, pelo menos era esta a minha visão. Ele tinha mais de 60 anos. Que inocência! Como uma pessoa dessa idade poderia ser amiga de um garoto de apenas cinco anos?

Ah, como me lembro do Senhor Roberto, um motorista de taxi, que na época era conhecido na cidade como motorista de carro de aluguel. Era um dos nossos vizinhos que, nos dizeres de minha mãe, já havia alcançado um lugar ao sol porque possuía seu próprio carro e, imagine naqueles tempos difíceis, tinha construído sua própria casa.

Para mim, uma criança pequena, a casa do senhor Roberto parecia ser muito grande. Tinha um "enorme" quintal, que na realidade era minúsculo, mas esta noção de dimensão e espaço eu só teria depois.

Minha casa também possuía um quintal, porém só tinha espaço para um tanque e talvez mais ou menos um metro quadrado que minha mãe usava para estender ao sol as roupas que lavava. Para minhas brincadeiras, utilizava a calçada na frente de casa, cuja porta ficava sempre aberta. Não nos preocupávamos que alguém entrasse, afinal, quem se interessaria em roubar qualquer coisa de uma casa quase em ruínas?

Mas ainda lembrando do quintal do senhor Roberto, posso dizer que foi lá que encontrei a felicidade! Não

percebia muito bem o que se passava, mas, desde pequeno, dona Lúcia, esposa do meu amigo, pedia a minha mãe
para que eu lhe fizesse companhia. Para mim era extremamente divertido porque eu teria a chance de brincar no
quintal, almoçar com o meu amigo e, o melhor de tudo,
passar horas conversando com ele deitado em uma rede
que mantinha presa sob duas grandes árvores.

Mal sabia eu que dona Lúcia fazia, na verdade, um trabalho de caridade, pois ela percebia a dificuldade de minha
mãe, que mesmo lavando e passando toda aquela roupa
não conseguia aumentar muito o orçamento da casa. A
comida era sempre pouca para dois adultos e uma criança. Então, era assim que dona Lúcia nos ajudava, tomando
conta de mim para que minha mãe pudesse trabalhar e se
encarregando do meu almoço quase que diariamente.

O almoço na casa do meu amigo era sempre muito bom.
Além da comida gostosa, havia a boa conversa, e na inocência daquele que está chegando ao mundo, verdadeiro
imigrante do seio de Deus, perguntava-lhe sobre tudo, enquanto balançávamos alegremente na rede.

Meu Deus, como eu era feliz! Havia ainda, de vez em
quando, depois do almoço, um pedaço de goiabada. Aquilo sim era vida!

Eu sabia que não havia nenhum risco do meu amigo
ser chamado por sua mãe para dentro de casa, acabando

com a nossa brincadeira, então eu aproveitava ao máximo sua companhia, relaxadamente. Aproveitava e fazia-lhe milhões de indagações que me eram respondidas sempre com muita paciência e carinho. Um dia, eu falei:

— Seu Roberto, posso fazer uma pergunta?

— Claro, Francisco, pergunte o que quiser.

— Quem fez esta goiabada?

— Foi a dona Lúcia, por quê?

— Tem certeza? Pensei que tivesse sido Deus.

— Deus? Por que achou isto, Francisco?

— É que o senhor sempre agradece a Deus por tudo o que vai comer...

— Ah! Francisco, como você é criativo!

O senhor Roberto ensinou-me a agradecer a Deus por todos os alimentos. Logicamente compreendi que não era Deus quem cozinhava, mas tinha certeza que ele mandava entregar. Na minha infantilidade, simplesmente achava que o que eles comiam estava sendo enviado por Deus, pois era tão diferente e abundante! Deus deveria, de fato, ser muito amigo deles porque mandava goiabada, frutas, arroz, feijão e em ocasiões especiais, até bife.

Havia me acostumado em chamá-lo de "velho". Ouvia sua esposa, que também era minha amiga, chamá-lo dessa forma. Se ela podia, porque não eu?

Insisti nas indagações a respeito deste relacionamento

com o tal de Deus. Meus pais diziam que Ele estava no céu, o que deveria ficar distante, pois não era sempre que tinha goiabada e bife.

Minha mãe limitava-se a dizer que Deus era muito ocupado, mas que nossa vez também iria chegar. Mas o tempo passou e a visita tão esperada não veio.

Meus pais não frequentavam nenhuma igreja, mas minha mãe ensinou-me a orar e pedir ao Pai do céu que sempre nos protegesse e desse aquilo que realmente necessitávamos, Eu sempre pedia para comer goiabada na rede, ao som de boas conversas com meu velho amigo.

Porém, não passou muito tempo para eu ficar sem o meu amigo, sem as conversas na rede, sem o tão sonhado doce da fruta da goiabeira. Certo dia vi uma movimentação enorme na casa dele. Pessoas iam e vinham, disfarçando as lágrimas que insistiam em cair.

Alguém disse: - Não deixe o menino ver.

O meu amigo tinha ido embora para sempre. Depois me explicaram que ele ia morar com Deus porque talvez eles fossem bons amigos ou, quem sabe, até parentes.

Mais tarde, soube da verdade. Ele havia sido contratado para uma viagem, da qual não voltaria. Tratava-se de um assaltante que, para levar o seu carro, o assassinou a tiros de forma covarde, fugindo em seguida com o veículo e alguns trocados que o "velho" havia ganho naquele dia.

Ele se foi e logo minha amiga também. A situação ficara difícil e ela foi morar com uma filha em outra cidade, distante da minha. A casa do meu amigo ficou vazia, levaram a rede também.

Um ano se passou e um dia apareceu um "tal de herdeiro", dizendo que queria que desocupássemos a casa em que morávamos. Eu não entendi. Porque ele queria aquela casa velha? Papai disse que derrubariam a casa velha e construiriam uma nova. Enquanto isso, iríamos para outra casa para aguardar que a nova ficasse pronta. Doce ilusão a minha! Um dia, pensava eu, morarei em uma casa nova, como a que as outras crianças moravam. Talvez assim as mães me deixassem brincar com elas por mais tempo.

Na realidade, fomos morar em uma pequena vila, onde o aperto era muito maior. Se na casa antiga eu tinha uma cama, na nova, me coube um sofá na sala. Mas eu não me importava com isso! Mamãe dizia que muita gente, nem casa tinha para morar! Ela acreditava que um dia o governo nos ajudaria.

Mas esse era outro sonho que nunca viria a se realizar. O tal do "homem do governo" que viria resolver todos os problemas nunca apareceu. Porém minha mãe ouvira no noticiário, no rádio da vizinha, que eles iam ajudar os mais pobres e, então, tínhamos que ter esperanças porque a ajuda chegaria.

Depois disso, pouco tempo se passou e um dia fui matriculado na escola do bairro. Agora eu iria estudar e ser alguém na vida, era o que os meus pais diziam. Porém, eu não entendia o que isso queria dizer. Afinal, eu já não era alguém? Talvez não fosse. Talvez a escola pudesse transformar o Francisco "ninguém" em alguém.

E lá fui eu animado para me tornar alguém. O encanto dos primeiros dias durou pouco. Naquele tempo, era permitido aos professores a prerrogativa da punição física por mau comportamento e utilizada também para aqueles que tinham dificuldade no aprendizado. Para mim era tão difícil compreender aquele montão de letras e números! A professora, sempre que podia, me aplicava uma surra de vara de marmelo que ela trazia para a sala com orgulho, como se fosse o cetro de uma imperatriz.

Com medo das varadas, sempre que podia fugia da escola. Meu pai me deixava na porta da frente do colégio, e eu saía pelo portão de trás. Por ser uma escola de bairro pobre, o controle não era dos melhores. As crianças, em sua maioria, andavam descalças e com roupas usadas como as minhas. Iam para a escola aguardar a merenda oferecida porque, para a maioria, essa talvez fosse a única refeição do dia.

Não conseguia entender porque a professora me batia tanto na frente dos outros colegas, que riam disfarçadamente. Nunca havia apanhado dos meus pais. Porque aquilo acontecia comigo? Que havia feito eu de tão errado?

Ela dizia: - Menino estúpido, burro. Você não consegue fazer nada direito! E dizendo isso me batia, para deleite de alguns colegas e desespero de outros, que passariam pela mesma sessão de tortura depois de mim.

Percebi que as pessoas podiam ser violentas. Quando fugia do colégio e voltava para casa no final do dia, meu pai começou a me surrar com sua velha cinta. Alterado, dizia:

– Você não vai ser um vagabundo, Francisco! Se pensa que pode abandonar os estudos, está muito enganado!

Nas horas mais desesperadoras, perguntava para meu amigo, "o velho":

– Seu Roberto, sei que a casa de Deus deve ser muito boa e deve estar feliz por aí, mas sinto tanto sua falta! Porque o Senhor não tira umas férias e vem me ajudar?

Como ele não veio, o melhor que podia fazer era tentar melhorar aquelas letras e acertar aqueles números, pois seria a maneira de evitar as duas surras. Entretanto, estava longe de entender o que seria uma boa surra.

Depois de certo tempo de colégio, já havia melhorado bastante minha letra e já entendia um pouco mais sobre os números.

Chegando certo dia em casa, minha mãe disse, exultando de alegria, que nossa vez havia chegado.

Comeríamos melhor e talvez pudéssemos até morar em uma casa mais espaçosa porque Deus havia ajudado, e meu pai tinha arrumado um emprego em uma empresa do governo, que processava café. Ele teria um cargo importante, segundo minha pobre mãe, em seu entendimento simples. Seria selecionador de café.

Se era uma ocupação muito importante na época, eu não saberia dizer, mas, se minha mãe acreditava nisso, porque eu não acreditaria? Naquele instante lembrei do senhor Roberto, meu amigo. Provavelmente ele deveria ter falado com Deus, arrumando o emprego para meu pai. Só faltavam as goiabadas...

Aliás, fazia muito tempo que eu não via a tal da goiabada. Lembro-me da sopa rala no inverno, no verão...

"Não reclame meu filho. Pelo menos temos a sopa", ouvia meu pai dizer.

Mas agora a coisa iria mudar porque depois do primeiro salário do meu pai, talvez pudéssemos ter refeições melhores.

Quanta alegria a nossa! Era como se houvéssemos ganho um prêmio na loteria. Ainda para ajudar, com o dinheiro que meu pai iria ganhar, daria para me inscrever no programa do dentista na escola. Era uma taxa simbólica, mas para quem tinha pouco para comer, como se dar ao luxo de pagar um dentista? O negócio era ter as cáries mesmo e fazer bochechos com vinagre e sal quando começasse a doer ou arrancar aqueles que estivessem em situação muito ruim.

Por condição genética, que era assunto totalmente desconhecido por nós, ouvi minha mãe dizer que eu era abençoado por Deus, que os meus dentes apresentavam poucas cáries e, por mais incrível que pudesse parecer, o dentista não precisaria extrair nenhum. Comecei a suspeitar que o "velho" tinha alguma coisa a ver com isso nas suas conversas com Deus. Talvez, eles dois depois do almoço, sentados na rede instalada no quintal da casa onde moravam, ficassem conversando e o meu amigo pedia algo para mim, nem que fosse só para me livrar do boticão do dentista.

Livrei-me do boticão, mas não do motorzinho, ferramenta terrível de tortura, segundo alguns colegas me diziam, e como não se usava anestesia de qualquer tipo, conferi pessoalmente aquela informação.

A vida começava a dar sinais de melhora. Na escola, entre sair-me bem com notas e as varadas de marmelo, preferia o esforço que as notas me exigiam, porque também me livravam do velho cinto paterno.

Mamãe, extremamente zelosa e inocente ao mesmo tempo, talvez porque tivesse depositado todas as suas esperanças na minha vida, tratava-me como se eu fosse uma peça de cristal, não permitindo que saísse de casa para as brincadeiras normais com as crianças do colégio ou da rua. Era perigoso, dizia ela, porque algum acidente poderia acontecer. Bom era ficar dentro de casa, mesmo que brincasse sozinho, porque dessa forma, as coisas da rua não me atingiriam, segundo seu entendimento.

A rua representava, na vida que ela levara até então, dificuldades e restrições, com as pessoas tratando-a como uma simples lavadeira de roupas, criatura de segunda classe, o que talvez a envergonhasse e, por conta do seu orgulho, mal saía de casa. Lembro-me que as visitas que fazíamos, a pé naturalmente, cobrindo longas distâncias, era na casa de meus avós ou de uma tia minha. De resto, a casa me aguardava, dia após dia.

Algum tempo depois, meu pai, fazendo das tripas coração, como dizia minha mãe, juntou um pouco de dinheiro do seu salário e conseguiu dar entrada em um terreno, em uma vila próxima. A proposta era um dia construir uma casa para nós. É, a vida melhorava. O "velho" deveria ter muito crédito com Deus, pensava eu.

Foram bons momentos, porque depois da escola podia me divertir carregando os tijolos daquela que seria a nossa casa, e aos sábados e domingos por não ter aula, poderia colocar pregos na madeira do assoalho. Que alegria a nossa, porque teria uma casa para morarmos e, dessa forma, evitaríamos aquele homem que mensalmente vinha receber o aluguel do meu pai, pago com muito sacrifício, segundo diziam.

Demorou quase dois anos, mas a casa ficou pronta. Por essa época houve o golpe militar no país e os militares diziam que a vida iria melhorar. Lembro-me de minha mãe dizendo que era a revolução e que nas grandes cidades, pessoas lutavam nas ruas.

Depois de certo período, dizia ela, que a situação se acalmaria e que tudo seria melhor do que antes. A pergunta que às vezes eu fazia era: para quem? Porque o tal do homem do governo que eu esperava para nos ajudar quando passávamos praticamente fome, nunca tinha aparecido. Será que aquele povo de uniforme seria diferente?

O tempo é uma benção porque é o senhor da razão. Nada havia mudado!

2º CAPÍTULO

Minha mãe

Muitas mudanças ocorreram em nossas vidas em um curto espaço de tempo. Estávamos há pouco mais de quatro meses em nossa nova casa quando meu pai sofreu um infarto fulminante que lhe roubou a vida. Com muita tristeza, percebi que outra pessoa que eu amava mudava de residência de forma definitiva.

Talvez tenham sido estas partidas repentinas que assisti quando menino que me incentivariam tanto nas mudanças que faria futuramente em minha vida.

Diante de mim, desdobravam-se imigrações sem volta, onde não me era possível receber notícias dos estimados imigrantes. Talvez esta aventura, que eles viviam em outro país, o Céu, não permitisse a comunicação com os que aqui ficavam.

Meu pai, com certeza, iria chegar lá e talvez não estranhasse muito porque encontraria outro imigrante, que era o meu velho amigo Roberto que, com certeza, o receberia de braços abertos, com aquele sorriso que sempre me tranquilizava.

Possivelmente, os dois se fartariam de tanto comer e conversar, sentados com Deus, que provavelmente deveria ter uma rede enorme, ou várias redes, porque eram muitos, de todas as idades, os que imigravam para lá.

E foi assim que comprovei o que dizia um velho ditado popular: tudo que é bom, dura pouco!

Minha mãe, muito jovem ainda, somente dedicada ao lar, com a morte de meu pai, entrou em total desespero, acompanhado de fortes crises nervosas, que iam aumentando à medida que a nossa situação financeira ia se complicando, até nos faltar o básico, como comida e remédio.

Apesar de meu pai ter direito a pensão, por ter morrido na ativa, como diziam, o tal do governo demorou um ano e meio para liberar o dinheiro da pensão para a viúva. A burocracia era grande, obrigando minha mãe a ir várias vezes até a capital do Estado, pedindo dinheiro emprestado de vizinhos e parentes, para tentar liberar os valores aos quais tinha direito.

Com o passar do tempo, percebi que ela começou a se modificar. Era uma mãe carinhosa e, aos poucos, passou a ser uma pessoa fria, distante. Se tornou impaciente e extremamente severa, não admitindo nenhum deslize, principalmente de minha parte.

Passou a me castigar por qualquer coisa, me batendo com qualquer objeto que estivesse em suas mãos. Cabos de vassoura, mangueira de jardim, cinto que havia pertencido a meu pai e depois de certo tempo, dentro do seu desequilíbrio, providenciou um tipo de chicote, feito com fio de cobre, para aplicar nas suas famosas surras.

Infelizmente, naquela ocasião era muito comum esse tipo de postura. Os pais adotavam no processo educacional dos filhos, a correção através de castigos físicos. Eram mentes atrasadas e autoritárias que tinham o beneplácito de todos. Surravam os filhos e contavam nas rodas sociais. Lembro-me que passei a ser o motivo de algumas repetidas conversas sobre educação, onde minha mãe relatava a forma "exemplar" com que "educava" seu filho. Parecia-me ser o meu caso o deleite dos torturadores, daqueles que falavam e dos que ouviam as histórias dos espancamentos.

A desculpa era a ausência de meu pai, e que ela tinha que fazer um papel duplo, não podendo se descuidar em um minuto que fosse, para que eu não me transviasse ou saísse da linha, como dizia. Ignorante ou simplória, não percebia que dia após dia, a violência gerada pelo descontrole emocional se aprofundava e que isto a levaria a demência.

Seu quadro piorava dia a dia. Cuidar bem do filho era alimentar-lhe decentemente. Como não recebera carinho ou afeto de meus avós, repetia comigo a fórmula que acreditava ter dado certo, que a levou a ser quem ela era.

O dinheiro da pensão, um dia chegou. Com ele, foi possível saldar várias dívidas e o que sobrou foi aplicado a juros, com gerenciamento de um tio meu, marido de sua irmã. Outra desilusão. O dinheiro simplesmente desapareceu, como fumaça, e com ele, as esperanças de melhorar de vida.

A saída que nos restou foi tentar a vida na cidade grande, pois assim eu poderia, apesar da pouca idade, trabalhar como contínuo ou auxiliar de escritório. Com o que eu ganhasse, a pensão mirrada de meu pai e a venda da casa, poderíamos ter uma vida melhor.

Mais um ditado popular: de ilusão também se vive! E dentro dela, partimos para a cidade grande, a capital do estado, onde os prédios eram enormes, as ruas movimentadas, todas abarrotadas de pessoas e carros. Parecia um sonho, onde acreditávamos que seríamos felizes. Já passara por tantas mudanças em tão pouco tempo.... Mas aquela seria especial, cheirava a felicidade. Pelo menos era o que eu pensava.

As prioridades eram arranjar uma escola pública para mim e ao mesmo tempo instalações de moradia na cidade grande. Com pouco dinheiro, e esperando a venda da casa, fomos residir em um apartamento, nos fundos de um edifício no centro da cidade. Região extremamente desvalorizada, com apartamentos minúsculos, que pareciam mais um barraco em cima do outro.

Saía de casa somente para ir à escola, voltando imediatamente depois da aula. Passados alguns meses, um conhecido da família, atendendo aos pedidos de minha mãe, arrumou-me um emprego como contínuo.

O dinheiro da venda da casa finalmente chegou, porém, nas mãos de minha mãe, uma pessoa comprometida com inúmeras dívidas e sérios problemas psiquiátricos, simplesmente desapareceu. Em pouco tempo perdemos toda a soma recebida.

De minha parte, o pequeno salário como contínuo era totalmente repassado à minha mãe, que somado a pensão de meu pai era suficiente somente para fazer frente ao aluguel da moradia e despesas de alimentação.

Roupas e sapatos eram doados por parentes ou conhecidos. O tamanho sempre era do "defunto maior". Mas quem se importava com moda ou qualquer coisa que se assemelhasse? O importante era estar vestido e calçado e eu continuava a ser motivo de zombaria dos colegas da escola e do trabalho. Um dizia: calça grande não? Outro: não tinha um defunto menor para você pegar a camisa? Meus sapatos, de tão grandes, saíam dos pés e tinham que ser calçados com jornal, para tentar reduzir o espaço que o meu pé não conseguia ocupar.

Já contava com 13 anos, as surras ainda aconteciam. Eram um pouco mais esparsas, mas às vezes sem nenhuma razão ou motivo, minha mãe era investida de uma fúria incontrolável, dando impressão de uma transformação de personalidade, tamanha a agressividade que dela se apossava.

Para me divertir nos finais de semana, brincava na rua com um carrinho de rolimã. Morava próximo de uma rua sem saída e em declive, o que favorecia muito a brincadeira. Era um momento de rara felicidade naqueles tempos. Em minha imaginação adolescente, instantes reservados para a minha liberdade. Com o carrinho ganhando velocidade, sentia o vento soprando forte em meu rosto e isso era verdadeiramente um alento de esperança e consolo para quem já tinha sofrido tanto em tão pouco tempo de vida. Às vezes sentia-me como deslizando entre as nuvens, esquecido de tudo que me cercava: pobreza, dificuldades com minha mãe e a zombaria dos colegas.

Mas, em uma dessas minhas aventuras, esfolei os dedos da mão direita no asfalto. Fato sem nenhuma gravidade, coisas de criança como costumeiramente nos referimos a situações como essas.

Não era grave, mas como explicar para minha mãe que tinha ralado os dedos no asfalto? Por que não tomei mais cuidado?

O medo da punição era tanto que resolvi esconder a

mão direita sempre que me aproximava dela.

O contato físico era pequeno, não tínhamos demonstrações de carinho ou amor, esconder minha mão não era coisa muito difícil.

E, certo dia, fazendo a lição antes de ir para meu trabalho, ela pode observar as cascas que já se formavam em meus dedos.

O interrogatório não se fez esperar:

– O que é isso? O que aconteceu na sua mão?

Já tomado de terror, por conhecer seu gênio violento e com receio da possível surra, respondi:

– Isso não é nada. Raspei no asfalto quando estava andando com o meu carrinho de rolimã...

Foi o suficiente!

Apesar das minhas rogativas, o carrinho foi despedaçado na minha frente, com tamanha fúria, que me assustei. De onde ela tirou tanta força para quebrar em minutos o carrinho de madeira?

Adeus momentos de liberdade e sonhos, nas nuvens de minha imaginação...

Não satisfeita, ao retornar para minha casa após o dia cansativo das entregas e da aula, outra surpresa me aguardava.

Minha pobre e enferma mãe aproximou-se do pedaço de sofá que era minha cama, e com seu chicote torturador, aplicou-me outra dolorosa surra, pois o fato de quebrar o meu carrinho, que representava minha única diversão, não havia sido suficiente para aplacar sua ira.

Com outros eventos como este, os anos continuaram a correr. Um dia, quando estava com 16 anos, ao chegar em casa, tive uma surpresa dolorosa. Minha mãe não estava, ela simplesmente havia partido, sem falar nada. Ninguém sabia dizer para onde tinha ido e nem porque havia saído de casa. Fiquei sabendo depois, através de uma vizinha, que poucos dias antes, ela havia se lamentado dizendo que estava muito cansada daquela vida, que não aguentava mais ter que arcar sozinha com a minha criação, que era muita responsabilidade com educação, dinheiro, casa... Bem, foi isso...ela surtou, saiu de casa e me deixou para trás.

E assim me vi sozinho e assustado. Lembrei-me do senhor Roberto e de meu pai. Daria tudo para que estivessem comigo.

A vida ensina...

A partir daí a minha vida passou a ficar ainda mais complicada. Sozinho, com apenas o meu mirrado salário de contínuo, não conseguia arcar com todas as despesas. Se pagasse o aluguel do apartamento não tinha com o que comprar comida, e vice-versa.

Decidi continuar pagando o aluguel para ganhar algum tempo e tentar organizar a vida. Eu precisava continuar trabalhando e estudando, portanto não poderia simplesmente viver na rua.

Pedi ajuda aos colegas do trabalho que me davam parte do que traziam em suas marmitas para que eu tivesse o que comer no almoço. Mas sabia que duraria pouco tempo, pois eles também passavam por dificuldades financeiras e não podiam ficar me sustentando para sempre. Na verdade, eles mal tinham para eles mesmos.

A fome começou a me abater. Às vezes, algum vizinho

mais compadecido, vendo que eu emagrecia dia a dia, dava-me um pouco de pão, arroz ou a eventual sobra de uma comida qualquer. Eu precisava fazer algo urgentemente, não podia continuar a viver daquela forma.

Tentando economizar fui procurar uma pensão, e depois de muito procurar, encontrei uma de aspecto razoável e que meu salário podia pagar, sendo que o melhor de tudo era o fato de oferecem uma refeição diária inclusa no valor do aluguel.

Mudei-me com expectativas de viver um pouco melhor. Tratava-se de um apartamento antigo, de grandes dimensões, cujos quartos eram alugados e divididos por três ou quatro pessoas em cada um.

Destinaram-me um quartinho minúsculo, talvez pouco maior que uma dispensa. O quarto não tinha uma cama, apenas um velho colchão de criança, colocado direto no chão. O espaço era tão pequeno que esse colchão precisava ficar atravessado na perpendicular e, ainda assim, eu tinha que dormir com as pernas encolhidas. Refletindo sobre o momento atual e em todas as dificuldades que eu já havia passado, lembrei-me de meu pai e poderia jurar que o ouvia dizendo:

"Não reclame Francisco, existem pessoas que nem este pouco possuem. Seja forte, tenha coragem meu filho..."

Sentindo-me mais consolado, tentei controlar meus

pensamentos, evitando a autopiedade. Alegrava-me em saber que havia conseguido um lugar para morar e o que comer. É bem verdade que, como se não bastasse o total desconforto daquele aposento, tive que lutar bravamente para não ser comido pelas pulgas que infestavam o local. Mas consegui vencê-las! Arrumei um veneno tão forte que se não matasse as bandidas, com mais um pouco eu é que seria liquidado.

Ganhei a batalha e continuei na guerra que era travada no dia a dia entre o trabalho e o estudo. Tinha muita vontade de cursar uma universidade, meu sonho era ser advogado. Lembrava-me dos advogados responsáveis pelo inventário de minha antiga casa, eram pessoas distintas, passavam segurança, e eu os via com muito respeito e admiração. Como advogado com certeza seria feliz. Usaria ternos alinhados e não mais aquelas roupas e sapatos doados. Teria uma grande e bela casa, onde poderia abrigar a minha família, receber amigos, terminando assim com minha solidão. Enfim, era o sonho de felicidade.

Bem, sendo assim, estava claro que eu precisava buscar outro tipo de trabalho. Não apenas para melhorar minhas condições de vida atuais, mas principalmente porque precisaria de um bom salário para fazer frente aos custos dos livros e da mensalidade de uma faculdade de direito.

Coloquei foco nisso e finalmente, depois de certo tempo, consegui um emprego em um escritório de advocacia. Não era muito, pois a função ainda era muito simples. Eu seria apenas um auxiliar de escritório, mas o salário oferecido estava bem acima do que eu ganhava e ainda com a vantagem de poder estar em contato direto com assuntos ligados a área na qual tinha interesse em estudar. Já fazia algum tempo que reclamação não passava nem perto da minha cabeça. Entendi rapidamente que se você tem muito pouco, não sente falta daquilo que nunca conheceu ou jamais desfrutou.

Estava sempre atento, buscando aprender ao máximo tudo o que me caísse nas mãos. Ouvia conversas no escritório entre os advogados a respeito de viagens ao exterior, para Europa e Estados Unidos, tanto a negócios como a passeio. Achava tudo fascinante, mas ao mesmo tempo absolutamente distante, não apenas por uma questão de distância física, mas algo muito além do que minha mente poderia administrar. Via-me muito pequeno, lutando diariamente pelos meus sonhos e anseios, que sequer conseguia me imaginar vivendo uma experiência fora do Brasil.

Meus objetivos estavam totalmente centrados em minha formação. Precisava trabalhar e estudar com muito foco para não desviar de meus objetivos, eu tinha que melhorar na vida. Ser pobre não é crime, pensava eu, mas eu estava decidido a lutar e não permitir que isso se tornasse uma realidade eterna. Essa era minha motivação, porém a luta foi muito maior do que eu poderia supor, pois eu tinha que estudar muito, se quisesse conseguir uma vaga em uma universidade estadual, pois a disputa era acirrada. A vida costuma ser dura para quem é mole, e eu sempre fui "carne de pescoço", como algumas pessoas me chamavam. Eu não desistia das coisas tão facilmente, porque desistir de alguma coisa, quando não se tem nada, significa desistir da vida, e isso sempre foi inadmissível para mim.

Mas realmente com muito sacrifício, o "carne de pescoço" conseguiu entrar em uma universidade estadual de Direito, sob elogios de meu patrão, que acompanhava minha luta de forma discreta, mas sempre atento aos funcionários mais esforçados e interessados.

Disse-me ele, um dia:

— Vejo que você vai precisar de material para os seus estudos, e nossa empresa valoriza a formação universitária e os esforços dos funcionários que buscam crescer. Como você está estudando exatamente para se formar em nosso ramo de atividades, vamos colaborar com você no material que a sua universidade solicitar.

Aquilo era o mesmo que ganhar na loteria, pois receber o material entre livros e outros itens necessários representava uma grande economia, já que o custo, principalmente dos livros dentro dessa área de formação, era muito elevado.

Apoio realmente não me faltou, até que concluí o bacharelado. O próximo desafio foi o exame da Ordem dos Advogados, pois ainda não seria um advogado de fato, sem o tão complexo certificado da Ordem dos Advogados do Brasil (OAB) que legitimaria a minha licença como advogado, dando-me pleno direito para que eu pudesse exercer a profissão. Estudei muito, de forma exaustiva, por seis meses, e então prestei o exame da OAB e fui aprovado, logo na primeira tentativa!

O presidente da empresa, que sempre prestou apoio não somente a mim, mas a todos os funcionários que se interessavam em crescer e estudar, exultou quando soube do resultado. Dando-me os parabéns, usou belas palavras de incentivo, dizendo-me inclusive sobre as oportunidades dentro da companhia, o que me deixou profundamente emocionado.

Enquanto isso, o meu salário também foi melhorando, bem como meu padrão de vida. Da pensão das pulgas eu fui promovido para um apartamentinho, conhecido na época como quitinete. Não passava de uma sala-quarto, um banheiro e um espaço minúsculo para o fogão e a geladeira, ao qual levava o nome de cozinha.

Nunca mais tive notícias de minha mãe, por mais que a

procurasse. Era como se ela nunca tivesse existido. Em um país com dimensões continentais, perder o contato com uma pessoa não era coisa muito difícil, ainda mais naquela época, e principalmente quando a pessoa não queria mesmo ser encontrada.

Perguntava-me, às vezes, o que eu poderia ter feito de tão errado. O fato é que ela era uma pessoa enferma e com a morte de meu pai isso só se agravou. Acabei desistindo de encontrar uma explicação lógica, porque senão me culparia eternamente, até por ter nascido, e isso eu não iria fazer comigo. Descobri que é muito fácil jogarem sobre nossos ombros a culpa dos erros alheios. O tempo, que é o remédio santo de Deus, um dia faria com que me conformasse com o desaparecimento de minha mãe. Eu precisava seguir adiante. Essa seria mais uma etapa finalizada. Depois de experimentar tantas dificuldades até aquele momento, estava mais forte, tinha coragem suficiente para suportar e continuar na luta.

O trabalho era duro em minhas novas funções, e o salário, infelizmente, continuava sendo muito pouco para uma melhoria efetiva de vida. A situação econômica do país não ia bem. Recém-saído do regime ditatorial, o Brasil passava por dificuldades. A grande maioria das instituições estava totalmente sucateada ou defasada tecnologicamente.

Nosso escritório tinha dificuldades para encontrar novos clientes e mesmo em manter os mais antigos porque a concorrência chegava às vezes a ser desleal.

Certo dia, um dos colegas mais antigos de empresa falou-me sobre a vida nos Estados Unidos. Disse-me ele:

— Aquele é o país das oportunidades! Quem vai para lá não se arrepende, porque o padrão de vida é um dos melhores do mundo. Tem-se educação, segurança, transporte e qualidade de vida indiscutível.

Passei a sonhar com aquilo. Ao mesmo tempo, comecei a ler tudo o que podia a respeito daquela terra onde todas as pessoas tinham um lugar ao sol.

Conversava com todos que pudessem me fornecer alguma informação a respeito daquela gente que vivia trabalhando duro, mas que vivia em paz. Aquilo sim deveria ser vida! Já havia me acostumado desde criança ao trabalho duro, a vida não poderia ser mais difícil do que já havia sido para mim.

Um dia, sem mais nem menos, Sérgio, um dos meus colegas de trabalho, e de quem já tinha me tornado amigo, propôs:

— Por que não vamos para lá? Vamos mudar para os Estados Unidos!

— Mas como mudar? Como deixar tudo por aqui?

Se bem que o tudo era quase nada, entretanto, havia certa segurança, a começar pelo idioma, porque o meu conhecimento do inglês era mínimo.

- Mas Sérgio, vamos trabalhar onde e com o quê?

Ele contra argumentou:

— Não precisamos nos preocupar, porque podemos arrumar trabalho como auxiliar de jardineiro, por exemplo. Você não sabe cortar grama?

— Sei sim, respondi. Só não quero é voltar a "comer" grama, porque você sabe como a vida foi difícil pra mim, para chegar até aqui.

— É exatamente por isso, disse ele. Como advogados aqui no Brasil, não ganhamos nem para pagar as nossas contas, talvez como trabalhadores comuns nos Estados Unidos, tenhamos mais chance, vamos ganhar em dólar.

— E como vamos fazer para entrar lá? De que maneira, com que visto?

— Como muita gente faz, entramos como turistas, tratamos de arrumar logo o que fazer e vamos ficando, depois pedimos uma extensão neste visto, para não ficarmos ilegais e vamos gerenciando até onde der, e se não der em nada, voltamos, o que você acha? Tenho um amigo que está lá há algum tempo. Ele trabalha com um jardineiro e sei que poderá nos hospedar, poderá inclusive nos ajudar a arrumar trabalho porque o dono da empresa de jardinagem está precisando de mais empregados.

Ainda somos muito novos, e você sabe, "quem não arrisca, não petisca". E aí, Francisco, vamos? Perguntou-me Sérgio, esperando uma resposta que na verdade eu já tinha pronta: pior do que está não fica, respondi. Vamos nessa!

Estados Unidos

Ansiosos pelas novas perspectivas, fomos tratar dos vistos. O que não foi complicado, pois estávamos empregados e sairíamos em férias, como qualquer turista. Sabíamos que os órgãos americanos possuíam um critério sério e rígido para emissão do visto, permitindo a estadia temporária de seus visitantes. Passamos pela entrevista no consulado com os oficiais atentos, porém gentis e muito polidos. Dissemos que estávamos indo para a Flórida, para a Disneyworld especificamente. Pelo menos isso não era uma mentira porque Mário, nosso anfitrião nas terras americanas, havia nos informado que quando chegássemos, iríamos conhecer Orlando. Enfim, os nossos vistos foram aprovados!

Conseguimos comprar as passagens pagando um preço mais em conta. No entanto tratava-se de um voo que fazia escala no Chile, deixando a viagem 4 horas mais longa, mas tudo bem. Finalmente chegou o grande dia. Entrar no avião me causou certo nervosismo, minha primeira decolagem foi acompanhada de calafrios, aperto no estômago e muitas preces. Durante toda a viagem não parava de imaginar como seria minha nova vida.

Senti certa nostalgia. Lá do alto lembrei-me de meus pais, de meu amigo Roberto, de minha infância. Não conseguia definir se o aperto que sentia no peito era saudade ou tristeza. Percebia-me perdido, até então não me sentia pertencer a lugar nenhum. Era uma árvore sem raízes. Meu olhar se elevou acima das nuvens e recordei-me de minha crença infantil sobre Deus viver balançando em uma rede. Um breve sorriso desanuviou meu rosto. Fechei os olhos e pedi a Deus que me mostrasse o caminho, que eu encontrasse um trabalho digno e honesto, e que pudesse ter um pouco mais de paz e alegria. Seria pedir muito?

A viagem foi tranquila e quando desembarcamos no aeroporto de Miami tudo parecia um sonho, principalmente para um marinheiro de primeira viagem como eu. Só havia feito uma viagem na vida, até então, quando nos mudamos da nossa cidade natal, no interior de São Paulo, para a capital do estado.

Fomos alegremente recebidos por Mário Hernandez, um cubano, amigo do Sérgio, que nos levou direto para a sua casa. Durante o trajeto, pude notar a beleza da rodovia, das modernas construções, das ruas largas, era como se houvesse chegado à terra prometida.

Era uma casa bem simples, em um bairro residencial modesto, parecendo ser na periferia da cidade. Ali seria nossa residência a partir daquele momento.

Mário foi logo se apressando em nos dizer que iríamos, no dia seguinte, para Orlando. Iríamos sair pela manhã, bem cedo, e retornaríamos à noite. Bem, então teríamos a oportunidade de conhecer o tão famoso mundo da Disney.

No dia seguinte, realmente acordamos muito cedo. Em função das muitas horas de viagem do dia anterior, sentia meu corpo todo doer. No entanto, a excitação era tão grande que nem me lembrava disso. Pegamos o carro e demandamos para Orlando, onde as surpresas não cessavam. Encantei-me com a beleza dos jardins bem cuidados, edifícios grandiosos, ruas amplas e limpas, pessoas alegres circulavam nas avenidas com seus carros maravilhosos, como nos filmes de cinema.

Realmente me sentia sonhando acordado, principalmente quando entramos em um dos parques mais famosos do mundo, que conhecia somente por fotos. Concluí, naquele momento, que o tal sonho americano era real, existia de verdade. Foi um dia incrível! Almoçamos o cachorro quente mais saboroso que já havia comido na vida, acompanhado de um mundo de batatas fritas e um imenso copo de refrigerante! Como sobremesa, o maior pote de sorvete que já havia visto! Simplesmente delicioso!

Voltamos para Miami no final do dia, exaustos e felizes. Entretanto, aquela felicidade de turista não duraria muito, tínhamos que colocar os pés no chão e encarar a realidade. Na manhã seguinte, fomos apresentados ao proprietário de uma empresa de jardinagem, que me pareceu ser uma pessoa bastante simpática e que iria nos dar uma oportunidade de trabalho.

Seu sotaque indicava ser de algum país latino-americano, provavelmente de Cuba, o que ele confirmou mais tarde. Ele já havia conquistado a condição de cidadão americano e tinha interesse em ajudar novos imigrantes.

E foi assim que tudo começou, ou melhor, recomeçou, pois me encontrava novamente diante de um trabalho do qual não gostava, duro e pesado, onde não utilizava nada do que havia estudado. Era verão na Flórida, as temperaturas altíssimas me castigavam com um calor com o qual não estava acostumado, apesar de ter nascido em um país tropical.

O trabalho começava sempre muito cedo com o carregar e descarregar das ferramentas. Cada jardim possuía suas peculiaridades, cada cliente tinha uma necessidade e passava uma especificação diferente, tínhamos que tomar muito cuidado para seguir o que havia sido combinado com o dono da empresa. Depois das podas e do plantio de novas mudas, realizávamos a limpeza do local. Fazíamos uma parada de meia hora para o almoço, comíamos um sanduíche de qualquer coisa, um refrigerante e dávamos continuidade até às 6 ou 7 horas da noite.

Ao voltar para casa estávamos extenuados, com a pele queimada e ardendo de tanto sol. A alimentação era muito precária, o jantar geralmente se resumia em pedaços de pizza ou qualquer alimento industrializado cujo preço fosse o mais barato possível. No meu caso, que já havia experimentado a fome, não era assim tão ruim, pelo menos tínhamos o que comer.

Em pouco tempo aprendi o uso correto das ferramentas de jardinagem e então o trabalho começou a mostrar-se menos pesado e complicado. Comecei a me acostumar até mesmo com o calor, as tempestades, os insetos e a alimentação reduzida. Mas o que me enchia de coragem e ânimo a cada dia era a possibilidade de poder viver uma nova experiência, ganhar bem e, principalmente, aprender coisas novas, como os costumes e o idioma do povo americano.

Eu tinha verdadeira admiração pelo patriotismo deste povo. Admirava como era comum nas residências colocarem o símbolo máximo de seu país, a bandeira, ostentada sempre com muito respeito e orgulho.

Aprender o idioma foi uma questão de honra, mas

também de sobrevivência. Exercitava meus ouvidos pela televisão e a fala na insistência do contato com quem eu pudesse conversar, e aos poucos, fui dominando o inglês.

Sempre que tinha acesso a revistas ou jornais, por vezes encontrados no lixo, procurava ler com atenção, para que a minha comunicação fosse a mais correta possível. Fui aprendendo a admirar a língua, enquanto aprendia a conviver com os americanos e também com outros latinos. Sempre respeitando seus costumes, até porque, qualquer passo em falso poderia me custar o constrangimento da deportação, pois o fato é que eu estava com um visto de turista, porém, trabalhando.

Não foi nada fácil a nossa adaptação. Sem dúvida havia a saudade de nosso país, da rotina de trabalho, dos amigos, e no caso do Sérgio, saudades da família que deixara para trás. Não tínhamos, naquela época, as facilidades de comunicação que temos hoje. Diversas vezes presenciei as lágrimas que teimavam em cair nos olhos de meu amigo. De meu lado, muitas dúvidas, e eu me perguntava sempre se teria tomado a decisão certa, deixando meu emprego, minha casa, as pessoas que eu conhecia para começar do zero em um país estranho. Conseguiria me adaptar a essa nova vida?

Os meses passaram muito rápido e nossa permanência como turista estava chegando ao fim. O Mário, que conhecia muitas pessoas vivendo de forma ilegal no país, achava ser muito arriscado tentar um pedido de extensão do visto de turista. No entanto, não tínhamos nada em vista que pudesse nos manter de forma legal. Quando completou cinco meses, comecei a repensar na minha continuidade na América. Nunca estivera envolvido em qualquer situação que pudesse ser considerada incorreta em relação às leis do meu país, e começar a fazê-lo agora, estava em choque com os propósitos da minha própria formação de advogado.

Mas quando menos esperava, constatei a existência de um antigo ditado popular: "Deus escreve certo por linhas tortas". Em uma determinada manhã, chegamos para o trabalho em um dos clientes atendidos pela empresa para o serviço de manutenção quinzenal. Tratava-se de uma casa com dimensões enormes, quase uma mansão.

O proprietário no momento de nossa chegada manobrava seu veículo, quando distraidamente, raspou de leve no poste da caixa de correio. Desceu do seu veículo e disse para si mesmo:

— Veja só, acabei de comprar e já me acontece isso!

Cheguei perto e avaliando o ocorrido, resolvi falar com ele, apesar do meu inglês pouco fluente:

— Não se preocupe, a tinta que está no seu veículo é a do poste da caixa de correio. Se o senhor quiser, amanhã, como é sábado, posso vir aqui depois do meu expediente e fazer o reparo no poste e também em seu carro, porque vejo que com um pouco de cera e um bom polimento seu carro ficará novo. A lataria não sofreu danos e eu posso garantir-lhe que não notará nenhuma marca.

Ele me olhou um tanto surpreso e meio desconfiado. O que um jardineiro poderia conhecer de reparo de veículos? Porém, aceitou a minha oferta, agradeceu-me educadamente e saiu.

No dia seguinte, lá estava eu depois do meu dia exaustivo de trabalho, com uns panos, massa de polimento e a cera automotiva.

Toquei a campainha e fui atendido por uma funcionária da residência. Apresentei-me e poucos minutos depois apareceu o senhor na porta. Este me recebeu de forma cordial, disfarçando a surpresa em me ver, cumprindo a visita combinada. Perguntou o meu nome e se apresentou - John Adams era seu nome. Era um americano alto, forte, aparentando mais ou menos 60 anos de idade.

Perguntei-lhe se eu poderia iniciar o serviço e ele não fez nenhuma objeção. Ao abrir a porta da garagem, pude ver mais quatro carrões, os quais nem conhecia a marca. Muito bem... mãos à obra, pensei. Iniciei pintando o poste com tinta spray, pois seria a parte mais simples do serviço. Em seguida, fui em direção ao veículo e, para minha felicidade, foi realmente muito simples. Então aproveitei para lustrar o carro todo. Estava terminando quando fui surpreendido pela presença de senhor John nas minhas costas.

Olhou o local que estivera com a tinta para constatar se o resultado havia ficado bom mesmo e surpreendeu-se, virou para mim e disse:

– Bom trabalho! Depois olhou o veículo todo e vendo que se encontrava encerado e brilhando ainda mais, perguntou-me sobre o valor do trabalho.

Disse-lhe que não era nada, que ele era o cliente da empresa e que aquilo era uma cortesia. Ele insistiu muito, mas fui irredutível, até que me ofereceu algo para beber, o que aceitei, pois o calor era intenso naquele dia e eu suava em bicas.

Pediu que eu o acompanhasse casa adentro. Não conseguia disfarçar o espanto frente à beleza e bom gosto da decoração, pois até então só havia estado em casas muito simples, e aquela era uma experiência que nunca imaginara viver. Conduziu-me até a piscina no fundo da residência e apresentou-me para sua esposa, uma senhora tão simpática quanto ele. Na sequência, solicitou a sua funcionária que me trouxesse um suco ou refrigerante.

Não me sentei até ser convidado. Ele se mostrava educado e simples no seu tratamento, o que me deixou muito impressionado.

Com muito tato iniciou uma conversa e depois de certo tempo, perguntou-me de onde eu vinha e por que eu estava nos Estados Unidos.

Resumidamente, disse-lhe que era um advogado em minha terra natal, porém a possibilidade de melhores salários havia me incentivado para uma possível mudança.

Senhor John brincou:

— O advogado que virou jardineiro, que curioso. Pois saiba que eu também sou advogado!

A conversa que poderia ter durado apenas alguns minutos, apenas por uma questão de gentileza, transformou-se em duas horas. Ele me perguntou sobre a vida em meu país, meus anseios em relação aos novos desafios nos Estados Unidos e assim por diante.

Saí da casa do senhor John extremamente bem impressionado com sua polidez e cavalheirismo. Interessante que me senti como se fôssemos amigos há muito tempo.

Levou-me até a porta e disse-me que gostaria de conversar comigo novamente, a respeito de minhas atividades dentro do terreno jurídico, o que me causou um impacto ainda maior. Senti meu rosto empalidecer, mas assenti com a cabeça e com um largo sorriso no rosto.

5º CAPÍTULO

A entrevista

lguns dias se passaram até receber a ligação de uma senhora muito gentil, que se identificou pelo nome de Dorothy. Disse ser a secretária de John Adams e, a seu pedido, gostaria de agendar um horário, pois ele desejava conversar comigo.

Confesso que fiquei muito surpreso e intrigado porque acreditava que ele tinha apenas sido polido e simpático com um colega de profissão de outro país. Naquele instante perguntei-me por que não aceitar?

No dia combinado, peguei emprestado de um colega uma roupa mais adequada, um paletó e gravata, e assim vestido segui para o endereço que levava em meu bolso.

O edifício do escritório era imponente desde a sua entrada. Quando percebi que o escritório ocupava vários andares, confesso que fiquei intimidado. Mas já que estava na "chuva", agora não dava mais para não me molhar.

Fui até o andar apontado pela recepcionista e, lá chegando, me identifiquei. Uma secretária me recebeu cordialmente e logo fui conduzido para uma sala de reuniões gigantesca.

Quem diria, pensava eu. Um advogado jardineiro sendo chamado para uma reunião em um ambiente tão refinado como este.

Doutor John entrou na sala saudando-me polidamente e procurando me deixar à vontade.

Depois de algumas palavras, disse ter ficado interessado em minha situação, pois reconhecia meu esforço, minha determinação e desembaraço. Elogiou minha fluência verbal e o inglês bastante avançado, apesar do meu pouco contato com a língua, certamente proveniente de um aprendizado que fugia bastante do trivial professor e aluno. Acreditava que poderia me oferecer uma oportunidade, já que eu era uma pessoa desinibida e com vontade de crescer. Em sua companhia, eu poderia ser útil em uma área específica, voltada para os processos de imigração.

– Tenho uma proposta para você, Francisco!

Perguntou-me se eu aceitaria iniciar um trabalho em seu escritório como paralegal.

Falou-me sobre a necessidade de aperfeiçoar meu inglês, porém, no início, eu atenderia principalmente brasileiros e latinos. Como eu arranhava um espanhol, não seria de todo um problema.

Caso eu tivesse interesse, uma pessoa de sua equipe providenciaria os documentos objetivando a regularização de minha situação dentro do país para que eu pudesse iniciar minhas atividades no menor prazo possível. Propôs também um curso intensivo de inglês, custeado pela empresa.

Fiquei atônito! Não podia acreditar no que estava ouvindo. Parecia ser um prêmio dos céus que estava sendo colocado em minha frente.

Em frações de segundos, voltei para minha infância e lembrei-me do senhor Roberto e do meu pai. Talvez eles tivessem conversado com Deus, e o Senhor da Vida proporcionou-me a possibilidade de conquistar meu próprio espaço do modo como sempre sonhei, porém de uma forma nunca imaginada por mim.

Lutei para conter as lágrimas em meus olhos para manter-me firme diante daquela criatura com um coração tão generoso, que oferecia para um imigrante que mal conhecia, e que não passava de um simples ajudante de jardineiro, uma chance de ouro.

Disse-lhe: - Não tenho palavras para agradecê-lo!

No que ele, sorridente, respondeu: - Se você não tem palavras, então não agradeça! E continuando a sorrir, arrematou:

— Caso esteja bom para você, vou pedir a minha secretária que o encaminhe para a área de recursos humanos para o acerto dos detalhes relativos ao seu trabalho, salário etc.

Saí da sala aturdido, fazia força para me manter em pé, dado que minhas pernas tremiam e meu coração estava tão disparado que tinha a nítida impressão que ele sairia pela boca a qualquer instante.

Lá fui eu para outro andar, acompanhando a secretária, rumando não somente para a área de recursos humanos da companhia, mas principalmente para uma nova vida, com votos respeitosos de sucesso do doutor John.

Conversa amiga

— Isto não vai dar certo!

Foi a primeira frase que ouvi do Sérgio quando retornei para a casa do Mário, onde continuávamos a viver.

— Você não conhece nada deste país, não tem um bom inglês e será engolido pelos outros advogados porque sua formação é válida no Brasil e não nos Estados Unidos. — acrescentou ele.

— Mas Sérgio - rebati por minha vez - o que eu tenho a perder? Minha vida sempre foi repleta de dificuldades, muito trabalho e sacrifícios. Talvez seja essa a minha chance de mudança. Como vou saber? Se não der certo, pego o pouco ou o nada que tenho e simplesmente volto para o Brasil, pronto! Eu vou arriscar, foi para isso que vim para esse país!

Sérgio abaixando a cabeça disse-me:

– Talvez você tenha razão. O que se tem a perder, não é? Desculpe o meu pessimismo. Eu te desejo muita sorte e sucesso.

Fiquei com essas palavras na cabeça. Sorte? Bem, se existisse sorte, eu realmente iria precisar e muita. No entanto, nunca acreditei em sorte, sempre achei que tudo precisa ser construído pela própria pessoa, com muita determinação e contando sempre com as amorosas bençãos de Deus.

Negociei com o Mário minha permanência em sua casa, naturalmente dando continuidade nos pagamentos que já fazia desde quando chegamos aos Estados Unidos.

Mário era uma pessoa simples e tínhamos muita coisa em comum, pois, assim como eu, ele também havia experimentado muitas dificuldades, não somente em Cuba, mas também nos seus primeiros anos nos Estados Unidos, que não foram dos mais tranquilos, em relação a trabalho e também sobre o sustento de sua família.

Ele conhecia muito bem as dificuldades enfrentadas pelos imigrantes, a começar pela língua, costumes, enfim, o inconsciente coletivo diferente, de um povo para outro, o que era bastante óbvio.

Em Cuba, muitas pessoas o desestimulavam a imigrar, pois diziam que o americano, de maneira geral, era um povo frio, vivendo exclusivamente para eles mesmos.

Eu confirmei que no Brasil esse tipo de opinião, pelo menos das pessoas de meu relacionamento, era muito semelhante.

Porém, Mário disse:

— Sabe Francisco, dizem que a ignorância é uma benção. Todavia, eu discordo totalmente dessa expressão porque fui conhecendo os americanos ao longo de todos esses anos e constatei que são pessoas que respeitam a maneira de viver e de pensar de cada um, assim como pude ver o quanto são solidários e religiosos. Hoje tenho muitos amigos americanos que não só me respeitam, como também me querem muito bem, como eu a eles.

— Concordo com você — respondi. O doutor Adams pareceu-me uma pessoa muito generosa, principalmente em se tratando de uma pessoa tão simplória como eu, apenas um ajudante de jardineiro, claro que sem demérito algum pela profissão. Você me entende, não? Sou um estrangeiro nesse país e espero superar, um dia, o sentimento que nos faz pensar que somos um elemento de segunda classe aqui. Não que eu seja um derrotista, mas conversando com outros imigrantes que conheci durante esses poucos meses, principalmente os que estão ilegais, percebi que essa sensação é comum em todos eles. Muitos deles têm até uma boa formação, inclusive curso universitário, porém não tiveram nenhuma oportunidade nos seus países de origem, então, decidiram pela mudança. Sofrem, por vezes, pela saudade que sentem de seus familiares, pela condição ruim em que se encontram aqui, pela dificuldade para se regularizarem. O que mais querem é contribuir com o país no qual estão vivendo nesse momento, e que, por mais difícil que seja a vida aqui, estão melhores do que estavam quando saíram de sua terra natal.

Mário acrescentou: - É exatamente o que eu penso Francisco. A saudade me doía, porém era necessário o aprendizado do nascer de novo. Era a troca do eu imigrante para o eu americano. Demorou um pouco, sem dúvida, para que isso virasse realidade. Mas agora, minha vida aqui continua simples, porém próspera. Meus filhos estão crescendo felizes, estudando em uma boa escola, enfim, vi que aqui realmente era a terra das oportunidades para quem tem determinação e vontade de trabalhar firme. Esta pátria, da qual já sou um cidadão, me deu tudo o que eu tenho de material, mas o que realmente foi mais significativo é a dignidade e a valorização do meu trabalho e esforço. Espero realmente, Francisco, que você não só entenda, mas acima de tudo, busque colocar em prática as minhas palavras. Bem sei que são experiências de um homem muito simples, mas de uma pessoa que procurou aprender e crescer aproveitando as oportunidades. O que posso dizer a você é que vá em frente, pois terá aqui sempre um amigo de braços abertos! Aproveite a oportunidade e coloque toda a sua energia no trabalho, porque não somente esse país, mas, acima de tudo, Deus, irá dar suporte a suas intenções de crescer e contribuir para a sociedade que está abrindo as portas para você por meio do doutor Adams.

Naquela noite, fui para o meu leito com a nítida impressão de que havia recebido conselhos de meu pai em uma conversa que eu jamais havia tido com ele, pelo simples fato de não ter tido essa oportunidade em vida. Ele havia partido tão cedo e eu era muito criança.

O início

Na manhã seguinte, fui ao escritório munido dos meus documentos e cheio de ansiedade e expectativa. Tinha plena certeza de que as coisas seriam difíceis em um primeiro momento, pois teria que trabalhar durante o dia e ter aulas de inglês à noite. Além disso, teria também que estudar a parte jurídica, pois as leis nos Estados Unidos diferem consideravelmente daquilo que é utilizado no Brasil.

E assim foi. Todos os dias levava para casa livros e artigos especializados e estudava até altas horas da madrugada. Meus finais de semana também não eram diferentes. Estava decidido que tudo daria certo, então aprender era a palavra-chave na minha vida, naquele momento. Estudava não só a parte jurídica, mas também a gramática da língua inglesa.

Quando comecei a me sentir mais confiante no inglês,

pedi ao Mário para me ensinar o espanhol, pois no escritório recebíamos muitos clientes de origem latino-americana. Sendo assim, atenderia melhor essas pessoas, falando corretamente o idioma. Não era uma questão apenas de educação, mas acima de tudo, de respeito.

Mário foi muito solícito e disse: *No te preocupes. Tranquilo que voy a te enseñar. Para que son los amigos?*

Começava mais uma atividade. Como se já não tivesse muita coisa com que me preocupar. Mas era a minha chance e eu não tinha o menor interesse em desperdiçá-la. Se o sonho americano era possível, não iria apenas sonhar, mas transformá-lo em realidade.

Provavelmente, a vida difícil, desde a infância, foi um excelente exercício e a grande impulsionadora de minha vontade. Nunca descartei Deus e Jesus de minha existência, mas sempre colaborei com eles, sem pretensão alguma, fazendo o melhor ao meu alcance.

Foi exatamente o ensinamento de Jesus que sempre me motivou a buscar uma vida melhor: "Ajuda-te que o céu te ajudará".

Meu visto de trabalho foi solicitado pelo nosso escritório e esse é um processo bem longo e burocrático, pois é um tipo de visto que o governo dos Estados Unidos tem pouco interesse em conceder. Entretanto, a aprovação acabou saindo e em pouco tempo. Disse para o doutor John quando fui chamado à sua sala para receber a boa notícia:

— Doutor John, muito obrigado por tudo o que o senhor tem feito por mim. Com esse visto, agora comecei a virar gente.

Ele sorriu a valer!

Era, sem dúvida, um primeiro passo. Mas sentia que as portas começavam a se abrir em todos os sentidos.

Os dias corriam céleres e comecei um estágio com um dos advogados mais experientes para que pudesse ser treinado no atendimento aos clientes. Meu trabalho seria fazer o primeiro contato, resumir o caso, dar sugestões e repassar para os meus colegas, que tinham maior conhecimento dentro da área específica de imigração.

Depois de certo tempo, talvez uns dois meses mais ou menos, doutor Greg com o qual eu estagiava, comunicou--me que eu já poderia iniciar as minhas atividades sem a necessidade de sua companhia. Considerou-me apto e pronto para o trabalho.

8º CAPÍTULO

Mudanças

Meu inglês melhorara muito e o espanhol já havia saído do estágio "portunhol" para algo mais satisfatório. Percebi que tinha muita facilidade no aprendizado de outras línguas, pois no curso de idiomas um dos professores, que era americano de Nova York, disse-me que estava impressionado pela rapidez com que eu aprendia. Minha pronúncia, segundo ele, era muito boa.

Com o passar do tempo, esse professor interessou-se pelo meu caso e disse que iria me ajudar a melhorar minha pronúncia, corrigindo alguns vícios de linguagem, trabalhando o sotaque meio "abrasileirado" que eu colocava em algumas palavras.

Pouco a pouco percebi que começava a ser aceito na comunidade. Os americanos não me pareciam mais ser os famosos "bichos-papões" que muita gente imaginava. Ao contrário, cada dia constatava que são pessoas dignas, éticas, que valorizavam o esforço empreendido daqueles que buscavam fazer o melhor para si e, consequentemente, beneficiando a sociedade como um todo.

Com o suporte dado por meu professor, de quem mais tarde me tornaria um amigo muito caro e também de toda a sua família, me sentia motivado e aceito. Prometi a mim mesmo que faria de tudo para me tornar um cidadão, um advogado respeitável e valorizado pela sociedade americana. Era preciso sonhar alto porque na parte baixa da sociedade, por não achar expressão melhor, eu já havia vivido por muito tempo.

Tempo suficiente para aprender a valorizar e não perder oportunidades. Se os Estados Unidos eram a terra das oportunidades, eu não permitiria perder nenhuma. Tinha que manter essa chama acesa dentro de mim, porque sabia muito bem das dificuldades que me esperavam.

A começar pela minha própria moradia, que deveria ser o meu primeiro alvo no processo de melhoria. Eu ainda estava morando na casa do Mário, o cubano, como passei a chamá-lo depois de uma brincadeira nossa em relação a sua nacionalidade, dividindo um quarto com o Sérgio. Não que o cubano ou sua esposa não me tratassem bem e com respeito. Ao contrário, eles se tornaram meus grandes amigos e sempre procuravam atender minhas neces-

sidades, dentro do que era possível para eles. Esforçavam-
-se ao máximo para me ajudar no meu desenvolvimento,
no menor prazo possível, mas realmente, eu precisava me
tornar um pouco mais independente. Não demorou muito e um dia Sérgio nos comunicou que havia desistido de
morar nos Estados Unidos, apesar de meus apelos e das
conversas do cubano, incentivando-o a insistir e continuar
por mais um tempo.

— Quem sabe - disse eu - um dia consigo uma vaga para
você lá no escritório também. Claro que tudo é muito recente, mas vai saber?

Sérgio, muito abatido, respondeu: - Ah amigo, já chega... pra mim, o sonho acabou. Vou voltar para o Brasil e
tentar retomar a minha carreira. A vida que eu levo aqui
é sofrida demais! Não vou chegar a lugar nenhum. O que
posso esperar sendo ajudante de jardineiro? Cansei!

Tentei argumentar:

— Sérgio, mas você era o mais animado! Insistiu tanto
para virmos para cá. Você sabia das dificuldades, mas isto
pode mudar. Esse país é muito grande e pode oferecer
para você também novas perspectivas.

— Que nada! Sinto-me cada dia mais limitado nos meus
conhecimentos. Muitas pessoas sequer me cumprimen-
tam. Parece que não existo! Veem-me como um empre-
gado qualquer, um cortador de grama. Continuando dessa

maneira, daqui a pouco não vou apenas cortar, vou também passar a comer a grama. Sinto que estou embrutecendo. Sinto-me totalmente desvalorizado.

— Pelo menos no meu país, posso andar e viver como um cidadão. Daqui a pouco, com o meu visto já vencido, passo a ter uma vida de criminoso, podendo ser deportado a qualquer instante. O que eu vou ganhar com isso? Experiência? Estou farto de viver como um perdedor!

Quando tentei argumentar mais uma vez, ele se mostrou agressivo e foi logo emendando:

— Me desculpe, mas você, Francisco, viveu como um "João Ninguém" a vida toda, passando as mais diversas necessidades e talvez tenha adquirido uma força de vontade férrea. Eu não. O que posso fazer se sou diferente?

Aquelas palavras não me ofenderam, mas senti um punhal sendo enfiado no meu coração porque algumas recordações surgiram de imediato. De fato, tinha sido um "João Ninguém" grande parte da vida, mas o amigo não precisava ir tão fundo em suas observações.

A vida tinha sido sempre dura desde a minha infância, a começar das crianças que me evitavam, por minha pobreza. Fato que só entendi muito tempo depois. Hoje sei que provavelmente as mães tinham receio de que eu pudesse contagiar seus filhos com algum tipo de doença. Que piada! Como se pobreza contagiasse! Não contagia, mas o que faz adoecer a alma é o preconceito. E isso eu conhecia muito bem.

Talvez tenha sido um alvo do preconceito durante muito tempo em minha vida. Verdadeiro câncer na sociedade que consome sem pena o coração das pessoas, que por ignorância e orgulho, insistem em mantê-lo e não fazem nenhum esforço para extirpá-lo.

Não me deixei abater e, a muito custo, consegui disfarçar as lágrimas que insistiam em querer cair de meus olhos. Era um momento de desabafo do meu amigo e eu precisava compreendê-lo. Então falei:

— Somente posso dizer, Sérgio, que nossa amizade continua e desejo todo o sucesso do mundo para você. Se eu conseguir melhorar a minha vida aqui, prometo que eu vou visitá-lo no Brasil e se um dia eu conseguir ter minha própria casa ou apartamento, faço questão que você seja meu hóspede. Disfarcei, não demonstrando minha tristeza. Resolvi sair para caminhar um pouco. Tomar um ar fresco talvez fizesse bem.

Primeiras atividades

Os desafios não demoraram a aparecer em meu trabalho como paralegal. Meu primeiro atendimento foi um teste de paciência e equilíbrio que, até então, eu me julgava longe de poder administrar.

Em minha agenda, a secretaria-geral havia reservado um horário para uma senhora brasileira de nome Cláudia S.

Quando essa cliente chegou, vi que se tratava de uma moça de beleza ímpar, aparentando 30 ou 35 anos, no máximo. Morena de olhos verdes muito expressivos, bronzeada e dona de um corpo bem definido, provavelmente desenhado por longas horas de atividade física, conforme suas belas curvas demonstravam. Ela, sem dúvida sabia explorar sua beleza, vestindo-se esmeradamente com muito bom gosto e usando roupas de grifes caras.

Cumprimentei-a, me apresentando com polidez e simpatia, obviamente, entretanto, não fui correspondido. Tive a impressão de que ela me olhava com certo desdém. Talvez esperasse alguém com mais idade, mais experiente, como o presidente de nossa empresa.

Suas perguntas à queima-roupa demonstraram que estava certo em meus pensamentos.

– Qual sua posição nesta empresa? Desculpe, esqueci seu nome...

– Doutor Francisco Martins.

– Ah, sim, doutor Francisco, tenho um caso importante a tratar, mas acho que você não tem experiência suficiente para atender minhas necessidades.

Achei-a arrogante e desrespeitosa com aquele questionário sendo realizado de maneira tão precipitada, porém, resisti às perguntas com muita educação.

– Senhora Cláudia, entendo sua preocupação, mas estou apto a proceder ao primeiro atendimento. Esta é minha tarefa, e caso seja necessário, seu caso será encaminhado para outro profissional.

Com ares de desagrado foi direto ao assunto:

– Preciso que sua empresa redija um contrato de garantias, pois pretendo contratar os préstimos de um americano.

Confesso que, inicialmente, não entendi claramente suas intenções e com muita naturalidade perguntei:

– Contrato? A senhora está ciente que nossa empresa trata especificamente de processos imigratórios? A que tipo de contrato a senhora se refere?

Ela fez uma expressão enfadonha, olhou-me de forma superior e disse:

– Estou contratando um casamento com um americano. Esta é a forma que encontrei para legalizar minha situação aqui nos Estados Unidos e conseguir meu Green Card. Este recurso é muito mais rápido e descomplicado do que qualquer outro. Pagarei quinze mil dólares para o cidadão americano, em duas parcelas de sete mil e quinhentos cada, sendo a primeira no dia do casamento e a segunda quando minha documentação ficar pronta. Não quero ter nenhuma surpresa com desistências de última hora. Portanto, para resguardar meu investimento, preciso de um contrato de garantia.

Estava surpreso com aquela situação. Em meu primeiro caso, estava diante de alguém que tentava fazer algo totalmente ilegal e que, no entanto, falava com a maior naturalidade, como se estivesse fazendo uma compra corriqueira, de uma roupa nova. Incrível, não satisfeita com um casamento "contratado", queria ainda oficializar a ilegalidade, criando um contrato que lhe desse algum tipo de garantia em relação a "entrega" da mercadoria! Erro em cima de erro.

Primeiro fiz "cara de samambaia", ou seja, não demonstrei reação alguma, como se não tivesse ouvido tamanho absurdo. Logicamente, sabia muito bem que recursos daquela natureza eram utilizados por inúmeros imigrantes para obter autorização de permanência. Desesperadamente, buscavam a legalização para continuarem suas vidas no país que haviam escolhido para morar. Entretanto, não só eu seria totalmente contrário a este tipo de situação como também não fazia parte dos princípios da companhia envolver-se com qualquer tipo de irregularidade.

Lembrei-me, naquele instante, de uma das conversas com um dos advogados mais experientes que estava ajudando no meu treinamento, a respeito da ética de nossa companhia. Com clareza disse-me:

– Em caso de dúvida quanto à regularidade, em qualquer processo, preferimos abrir mão do caso, imediatamente, pois, antes de mais nada, temos um nome a zelar.

No que eu concordava em gênero, número e grau, para ser bastante específico. Nunca aceitei que um advogado utilizasse métodos escusos na defesa dos seus interesses ou dos interesses de seus clientes. Seria o mesmo que um médico, no intuito de buscar compensações financeiras, indicasse uma cirurgia que, de antemão, já soubesse ser prejudicial ou contraindicada.

Sempre procurei ser uma pessoa relativamente bem informada e ter um mínimo de bom senso para saber que situações inadequadas ocorriam em qualquer ramo ou em qualquer profissão. Mas sempre fui contrário ao chamado "Maria vai com as outras" ou o famoso: "se todo mundo faz, qual o problema de eu fazer também?"

Isso sempre foi algo que feria meus valores, mesmo ouvindo de certas pessoas que, em minha profissão, poderia optar por ser um advogado sério e pobre ou um profissional menos ético, mas muito rico.

Mesmo sendo elogiado por uns que tinham em alta conta os valores da profissão e sendo tratado por "trouxa" por outros, cujos valores eram discutíveis e que se deixavam comprar por certa soma de dinheiro, preferi estar entre os chamados de "trouxas", pois minha consciência sempre esteve tranquila em fazer o meu melhor e da maneira mais transparente possível.

Nunca utilizaria, voluntariamente, qualquer método ilegal para ter um lugar ao sol, ou mesmo desfrutar de uma condição que não fosse conquistada com ética, dignidade e honestidade. Vim de uma origem muito pobre, porém aprendera muito bem que a ignorância dos valores fundamentais da vida é uma das doenças mais insidiosas, pois mata o caráter. Além de que, a pobreza não é necessariamente tão fatal como muita gente acredita. Ser pobre não é o fato mais grave de uma existência, mas não ter caráter, isso sim, é a miséria absoluta da alma.

Nunca fui moralista e tampouco tenho ímpetos para tanto, mas sempre acreditei que o mais importante é ter ética para que a minha atitude reflita na sociedade e possa beneficiá-la como um todo.

Como fiquei com um ar um pouco mais pensativo, buscando preparar o meu rápido discurso para uma resposta adequada, a cliente impacientemente questionou:

— E aí, você não vai dizer nada?

— Senhora Cláudia — comecei com tranquilidade — infelizmente nosso escritório não atende este tipo de solicitação. Mas se a senhora permitir minha orientação para o correto desdobramento de seu caso, sugiro que o melhor seria não realizar um casamento nessas condições, pois isto é totalmente ilegal. Firmar um contrato de garantia, seria então oficializar a ilegalidade, podendo trazer sérias consequências à senhora.

Ela ficou transtornada, demonstrando claramente em sua expressão revolta e desagrado. E, faltando com todas as regras de educação, disse à queima roupa:

— Você pode chamar um superior seu? Você parece não ter experiência e nem competência para este tipo de transação. Por favor, chame o seu chefe, pois acredito que ele vai resolver o assunto.

Voltei a argumentar com calma:

— Senhora Cláudia, não preciso pedir para um superior

interferir na condução de nossas tratativas, pois sei da ética de nossa companhia, portanto nada diferente do que já estou fazendo poderá ser apresentado.

A bela se transformou em fera, pois, dirigindo para mim seus belos olhos verdes, que naquele instante estavam injetados de sangue, fuzilou-me. Com um ar de superioridade e com a voz completamente alterada, disparou:

— Escute aqui seu doutorzinho "João Ninguém", eu não vim aqui perder meu tempo com você e sua conversinha fiada a respeito de ética. No caso de vocês, advogados, ética tem preço. Sei bem que tudo é uma questão de negociação, então faça o que estou pedindo. Vá chamar seu superior!

Estava novamente diante de um comportamento preconceituoso e desrespeitoso. Não só a minha profissão, mas também a minha pessoa.

De tanto ser tratado como um "João Ninguém" já estava me acostumando ao nome, e talvez pudesse, com o tempo, substituí-lo de Francisco para João. O problema só estava com o sobrenome "Ninguém" que eu realmente não conseguia digerir.

Respirei fundo e procurei manter o controle, pois em meu primeiro atendimento, não poderia dar um vexame em não conseguir contornar a situação com equilíbrio e profissionalismo. Respirei fundo mais uma vez, contei até três, e com a voz baixa e pausada retomei a conversa:

— A senhora, por favor, mantenha a calma.

— Calma coisa nenhuma! Vim aqui em busca de uma solução para meu problema e não de discurso.

— Não se trata de discurso, e sim de orientação correta para o seu caso. Eu, ou qualquer outro profissional deste escritório, não poderá atendê-la em sua solicitação. Está totalmente fora de questão um acordo desta natureza.

Ela levantou-se e pensei que fosse me agredir fisicamente, pois moralmente havia tentado. Mas eu tinha muito a zelar em relação ao meu trabalho e a grande chance que eu havia conquistado.

Foi quando me dirigi a ela e disse:

— Acompanho a senhora até a porta.

Pra quê fui dizer isso?

Suas faces estavam avermelhadas e suas palavras duras me acertaram como bofetadas.

— Escute aqui, seu moleque, entregador de recados, não preciso de sua gentileza, não preciso de seu escritório, porque eu sei cuidar da minha vida. Vá para o diabo que te carregue!

Percebi naquele instante que poderia ministrar um curso de especialização de sangue de barata porque apesar de querer esganá-la, me contive e disse-lhe um solene: "-Passar bem, senhora"!

Não demorou um minuto e meu chefe entrou na sala e sorrindo, falou:

— Como foi seu batismo de fogo? Foi bom? Gostou?

— Nem tanto — respondi — O Senhor ouviu?

— Ouvi. Como não entendo o português percebi que os ânimos da cliente ficaram exaltados.

— Pois é! Ela só queria tentar legalizar a ilegalidade de seus planos. Quando fui contra, o circo pegou fogo. Aliás, vou pedir uma aspirina à secretária, no momento é do que eu estou precisando.

Ele sorriu e disse:

— Para esses casos, temos uma caixa inteira e sugiro que você, a partir de hoje, compre algumas, porque você vai precisar...

— Muito animador— retruquei — Depois da surra que acabo de levar, suas palavras são tão animadoras que tenho vontade de cortar os meus pulsos – falei brincando.

Ele riu descontroladamente diante do meu sorriso amarelo e contrariado.

Prosseguindo

No final do expediente, fui para o curso de inglês que, modéstia à parte, estava cada dia melhor, e durante o percurso do ônibus comecei a pensar sobre como a ansiedade pode levar as pessoas a ficarem doentes.

Estava pensando no caso de Cláudia, que eu havia praticamente acabado de atender. Aquela era mais uma situação típica da vida de milhões de pessoas que, por não saberem esperar o momento adequado para que a vida apresente soluções, enfiam solenemente os pés pelas mãos. Não entendem que o exercício da paciência não é acomodar-se e esperar, mas sim, trabalhar e fazer o melhor, aguardando que o resultado do esforço seja concretizado.

É como um fruto na árvore que necessita de tempo para maturação. A impaciência produz cada dia mais enfermos da mente e do corpo. Não são raras as pessoas que acabam buscando nas substâncias químicas compensações ou apenas uma forma de amenizarem o sofrimento e o sentido de urgência que eles mesmos estabeleceram em suas vidas. Quando não, tornam-se dependentes dessas substâncias, levando muitas a darem cabo da própria existência, com atos impensados, por estarem exaustos de viverem em condições estressantes impostas por si mesmos, de forma inconsciente.

Na inconsciência, deixam-se levar pela maneira de ser e de pensar de outras mentes. Sentem intensa necessidade de parecerem iguais, coisa que não somos. Confundem semelhança com igualdade, como se fôssemos máquinas produzidas em série.

Quanto sofrimento imposto por nós mesmos, pensava eu. Cláudia era um exemplo bem característico. Estava cavando uma sepultura da maneira mais rápida possível, encurtando seu tempo de existência por não ter controle sobre seus pensamentos e, consequentemente, seus atos.

A partir desse momento, comecei a perceber que aquela situação era uma ótima lição para mim porque eu não só precisava do emprego, mas também da oportunidade valiosa de aprendizado que a vida me apresentava.

Já fazia parte de meus sonhos e objetivos ingressar em uma faculdade de Direito novamente e prestar o BAR, ou seja, o exame que me autorizaria a exercer a advocacia nos

Estados Unidos, tal qual o exame da OAB no Brasil. Estava no começo de minhas atividades mas já colocara objetivos mais altos, para não me perder em mesquinharias, fossem elas quais fossem. Então, não estava vivendo na terra das oportunidades, tendo conquistado minha regularização junto à imigração? Não me permitiria perder essa chance.

Ao desembarcar em meu destino, deixei de lado minhas reflexões e fui para minha aula com a concentração necessária para aprender o máximo que pudesse. Depois dali, fui para minha casa descansar. Na realidade ainda era a pensão do meu amigo cubano, pois no dia seguinte seria dia de trabalho duro.

A maior parte do meu tempo no escritório estava reservada a assistência aos advogados seniores, contudo era um trabalho totalmente burocrático e altamente estressante. O atendimento aos clientes também fazia parte de minhas atividades diárias, porém era reservado para mim, apenas um cliente por dia, pois na opinião de meu superior, eu estava sendo treinado e deveria ir com calma, para, aos poucos, solidificar meus conhecimentos, dado que a área de imigração, dizia ele, era muito complexa e, ao mesmo tempo possuía um rigor que às vezes beirava o exagero.

Naquela tarde chuvosa, estava agendado um cliente de nome José R, e o encaminharam para que eu fizesse a primeira triagem.

Ele fora o prêmio de consolo e a calmaria, conforme eu mesmo o defini, depois do furacão chamado Cláudia.

José era um rapaz jovem, com a minha idade, 28 anos. Apresentava uma postura elegante de um cavalheirismo acentuado, porém tinha um ar muito sério, o que fazia com que parecesse muito mais velho do que realmente era.

Cumprimentou-me polidamente, apresentando-se como funcionário de uma das empresas que já constava em nossa lista de clientes.

Havia sido transferido da sucursal do Brasil para assumir uma posição na matriz, em Miami, posição que almejava há quatro anos.

Dizia estar muito feliz com a oportunidade que a empresa oferecera e tinha certeza que corresponderia à altura. Encontrava-se muito bem preparado, tendo, não só o domínio das atividades que se encontravam sob sua responsabilidade, como também o domínio da língua inglesa e espanhola. Acreditava firmemente que os dois idiomas iriam ajudar muito em sua carreira.

Havia providenciado rapidamente todos os documentos necessários para a formalização de seu visto de trabalho nos EUA, seguindo a orientação do departamento jurídico de sua empresa. Ele nos procurou justamente para entregar esses documentos e solicitar que fosse dada a entrada no processo junto à Imigração. Contudo, sua expressão não era exatamente de uma pessoa feliz. Pude identificar que havia um problema, se é que poderíamos nos referir como problema, que era o fato de sua noiva não poder acompanhá-lo nessa transferência.

Ela trabalhava em uma grande organização e sua carreira estava muito bem encaminhada. Dessa forma, não poderia simplesmente jogar tudo para o alto, segundo suas próprias palavras, e acompanhá-lo nessa mudança para os Estados Unidos.

Achando que era uma coisa muito simples, sem muita importância, fiz algumas colocações triviais de encorajamento, porém, de repente, vi lágrimas nos seus olhos.

Pensei comigo mesmo, colocando-me em seu lugar, como é difícil e complicado administrar determinadas situações. Era como ganhar na loteria, sem poder retirar o prêmio. José, no terreno profissional, havia conquistado uma posição muito importante, que exigiu dele um grande investimento pessoal, assim como um forte empenho em relação aos estudos e capacitação. Esse novo cargo possibilitaria uma melhoria considerável em sua carreira, no seu salário, além dos benefícios inerentes a transferência de um país para outro. Certamente muitos gostariam de estar em seu lugar. Porém, como ficam os sentimentos? Como administrar as coisas do coração?

Claro que nem sempre conseguimos ter tudo o que

desejamos. No fundo, seria muita pretensão da parte de qualquer pessoa mas, em se tratando de coisas do amor, por vezes somos imaturos e despreparados e, definitivamente, não sabemos lidar com esse assunto.

Segundo tudo que eu já tinha tido oportunidade de observar, uma coisa é inegável: para o imigrante, pelo menos para uma boa parte deles, a dor da separação da família, do ente querido, dos amigos, da pátria e assim por diante, é um fato realmente muito difícil de ser administrado.

Não é só a parte material que preenche nossas vidas, sabemos muito bem disso. Infelizmente, temos notícias de que as taxas de suicídio em países que oferecem um padrão de vida elevado, demonstram com clareza que os benefícios proporcionados pelos bens materiais não são suficientes para satisfazerem e complementarem os anseios do coração e dos sentimentos.

Somos mais do que simples máquinas, criadas para produzir em favor de nós mesmos e da sociedade. Somos seres humanos e necessitamos do alimento do amor, que completa as nossas conquistas em todos os terrenos.

Do que vale a luz se ficar escondida e não iluminar o ambiente? O que vale toda a fortuna do mundo se não sentimos alegria de viver?

Precisava dizer algo para o meu cliente. Naquele momento, diante daquela situação, vi que era necessário fazer também um papel de psicólogo ou amigo. Não podia simplesmente me colocar como um profissional da área jurídica, sem levar em consideração as dificuldades emocionais pelas quais meu cliente estava passando. Aliás, realmente nunca achei que nessa profissão eu me isentaria de expressar sentimentos. Mesmo depois de já ter lidado com pessoas muito duras, tal como verdadeiros feitores e seus escravos, continuava achando que não poderia separar uma coisa da outra, afinal, estávamos falando de pessoas, de seres humanos.

– José — disse eu com voz amena para que ele começasse a raciocinar mais claramente e manter o controle de seus sentimentos – pense que isso é apenas uma fase. A vida sempre traz boas respostas para quem mantém o foco no bem, nas realizações positivas e, acima de tudo, para quem visa não somente o melhor para si mesmo, mas também no benefício que pode realizar para outras pessoas, para a sociedade, começando por sua própria família. Considere que sua noiva poderá receber também uma proposta de transferência, quem sabe?

– Doutor – disse-me ele com voz embargada – a solidão dói e não pode ser preenchida pelos ganhos imediatos. Três semanas aqui nos Estados Unidos já foram suficientes para perceber que não será nada fácil.

– Calma, José! Você mal chegou! – Confesso que resisti

a tentação de narrar parte da minha história, pois através da solidão e do abandono, pude receber algumas lições importantíssimas e inesquecíveis. Mas o momento não comportava comentários dessa natureza, pois ele poderia achar que eu estava tentando fazer comparações e isso não seria conveniente na minha posição. Tentei animá-lo, dizendo que em pouco tempo ele formaria um grupo de amigos que o ajudaria na fase de adaptação à nova vida e ao país, enfim, levaria uma vida razoavelmente normal, sem contar que também poderia visitar a família e a noiva no Brasil, assim como receber a visita deles.

Ele saiu do escritório aparentemente mais conformado, agradecendo muito não só os aspectos relativos ao trabalho, mas também as palavras de incentivo.

Não demorou muito para que seu visto fosse aprovado, devido à documentação estar adequadamente preparada. Eu mesmo fiquei feliz por ele porque, jovem como eu, embora muito melhor preparado, vindo de uma família estruturada, com uma formação excelente, com certeza, rapidamente estaria galgando uma posição de destaque na empresa em que trabalhava.

Mas, é certo o ditado: "quem vê cara, não vê coração".

Liguei para o José, dando-lhe as boas notícias da aprovação do seu visto e confesso que ele não a recebeu com muito ânimo. Não entrei em detalhes, pois em minha posição não podia interferir na vida particular de nenhum cliente. Enfim, fiz a minha parte.

Passou o tempo e, com a correria do escritório, não tive mais notícia do José até encontrá-lo em uma rua de Miami. Certo dia, aceitei o convite de um colega do trabalho para almoçar fora, coisa rara, pois sempre dedicava o horário do almoço para estudar, não somente os processos, mas também inglês e espanhol. Nunca conseguia sair do escritório. Reparei em um rapaz que andava a minha frente, absorto em seus pensamentos, e então o reconheci. Resolvi abordá-lo:

— Olá José, como tem passado?

Ele me reconheceu e respondeu desanimado:

— Vou indo bem, dentro do possível.

Notei que ele estava bastante abatido, mas procurei retomar o diálogo, procurando colocar mais ânimo no início da conversa:

— E aí, como estão indo as coisas? Você está bem na sua nova posição? Está se adaptando?

Ele se esquivou, dizendo que ligaria para mim e poderíamos conversar melhor porque tinha um compromisso e estava em cima da hora.

Confesso que eu o achei um tanto estranho porque imaginava que a sua situação deveria ser muito confortável, pelo menos quando comparada a minha própria. Não insisti e achei melhor aguardar que ele ligasse, se assim fosse de sua vontade.

Não sei explicar, mas sempre tive certa sensibilidade em relação às pessoas, sentindo quando alguma coisa não ia bem, como se o ar em sua volta denunciasse isso. Eu havia lido algo sobre a emanação energética das pessoas, conhecida mais comumente como "aura", mas confesso que nunca dei muita importância a este tipo de assunto.

Interessante é que não se passaram muitos dias e recebi uma chamada do José. A princípio fiquei surpreso, porque não esperava realmente que ele me ligasse, como havia dito.

Ele me saudou educadamente e disse-me:

— Doutor Francisco, desculpe-me tomar o seu tempo, porém são poucas as pessoas com quem eu posso conversar sobre determinados assuntos e você, que é uma pessoa fora do âmbito do meu trabalho, parece mais adequado para este tipo de assunto. Gostaria de saber se você poderia encontrar-se comigo, pois estou precisando de ajuda, estou desesperado.

Fiquei surpreso, primeiro porque não tinha nenhuma intimidade com ele, segundo, em que poderia ajudá-lo?

Foi essa pergunta que eu fiz a ele:

— José, em que eu posso ser útil?

— Eu preferiria falar com você pessoalmente, fora do

âmbito profissional, porque acho que você poderá, pelo menos me ouvir, não é?

Não estiquei muito a conversa, pois sentia sua ansiedade. Marcamos de nos encontrar em um café próximo de seu escritório, apesar do meu pouco tempo e da minha aula logo em seguida.

Nos encontramos e quando o cumprimentei, vi que seu estado de abatimento havia aumentado. Sua mão estava um tanto trêmula e fria quando me saudou.

Sentamo-nos e perguntei:

— Você quer um café ou alguma outra coisa, José?

— Não, obrigado. Sei que você não tem muito tempo e gostaria que me ouvisse um pouco, porque não tenho com quem conversar sobre a minha vida. Meus amigos na empresa estão muito ocupados e podem achar que eu queira somente chamar a atenção. Não quero demonstrar fraqueza.

Fiquei mais intrigado, porque afinal de contas, o que poderia ser tão complicado assim.

Ele continuou:

— Lembra-se que eu disse que estava noivo?

— Sim, lembro!

— Pois é, não demorou muito e minha noiva terminou o relacionamento comigo, alegando as dificuldades em se manter um noivado à distância. Disse que gostaria de manter o foco na sua carreira e deixou claro o seu desinteresse em fazer qualquer mudança de país. Estava bem em seu trabalho e de maneira alguma largaria tudo para se aventurar a uma vida de incertezas nos Estados Unidos. Apesar de toda a minha contra argumentação, pedindo que ela aguardasse minha viagem para o Brasil, para conversarmos pessoalmente, pois a amo muito mas ela não se mostrou nem um pouco animada. Porém, o pior ainda estava por vir. Depois da sua frieza em se despedir e desligar rapidamente o telefone, soube por um dos meus amigos que ela foi vista dias antes aos beijos e abraços com um dos seus colegas de trabalho. Não sei como não enfartei, não somente com a notícia, mas com a situação toda. Meu ânimo para continuar em Miami, no meu trabalho e, confesso, na minha vida, desapareceu.

Neste ponto da conversa, José já estava com os olhos vermelhos e as lágrimas escorriam com facilidade. Notei que a impressão de fortaleza que eu havia tido dele não era verdadeira. Apesar de demonstrar muita energia, e estar intelectualmente bem preparado, não tinha controle algum sobre as suas emoções.

Em um primeiro momento, achei até que fosse tudo muito recente e que em breves dias ele voltasse ao seu equilíbrio, pelo menos em parte.

Disse-me ainda que a vida havia perdido todo o sentido,

que continuar nos seus projetos era pura perda de tempo.

Eu argumentei:

— José, você vai acabar encontrando outra pessoa que mereça de fato seu respeito, carinho e amor. Você praticamente acabou de chegar e tem sido bem-sucedido em tudo que vem fazendo. Acalme-se, procure a ajuda de um médico, talvez um psicólogo, mas não se deixe vencer.

Ele, inconformado, retrucou:

— Vim para cá vencendo desafios e disputando essa posição na empresa com unhas e dentes. Deixei os meus amigos, o lar confortável, o carinho dos meus familiares e o mais importante, minha noiva... Tudo isso para crescer mais rapidamente no campo profissional, ser bem-sucedido em um menor espaço de tempo, pois meu principal objetivo era me casar com Carmen, a pessoa que eu amo e que me abandonou na primeira oportunidade, correndo para os braços de outra pessoa o mais rápido que pode. Ela não contou a verdade, apenas alegou que o problema era a distância que nos separava e que demoraríamos muito até podermos nos encontrar outra vez....

Diante daquela história falei:

— Claro que você tem toda razão de estar zangado, abatido e muito triste, mas não se esqueça que a vida continua e com o seu talento e formação, esse momento será superado e você sairá da presente situação mais fortalecido.

José, você já experimentou orar a Deus, a Jesus, pedindo forças para superar esse momento? O Criador nos ama e nos atende como filhos que somos. Experimente pedir-lhe forças!

— Não sei não, doutor Francisco. Nunca tive esse hábito e também sempre tive dúvidas da existência de Deus.

— Veja, José, se você tem dúvidas em relação a Deus você está no seu direito. Entretanto, é na hora da dor que sentimos o quanto precisamos Dele, pois, infelizmente, são nos momentos de sofrimento que entendemos a necessidade de confiarmos nossa angustia nas mãos do Criador, nessa Força maior, que nos conhece e ampara. Por que você não experimenta falar com ele?

Completei:

— A lógica da vida demonstra que as coisas não foram feitas ao acaso. Deus é tão bom, que nem obriga que acreditemos nele, não é?

Ele enxugou as lágrimas no lenço que eu ofereci e que sempre carregava no bolso, e disse-me:

— Agradeço muito por você ter me ouvido, porque aqui tudo me é estranho, o ambiente, as pessoas que vivem simplesmente pensando em si mesmas, sem darem importância nenhuma para os outros. Aqui eu experimentei, de verdade, o que é a solidão.

Resolvi não argumentar, ele tinha alguma razão em um

ponto ou outro, pelo menos em parte. Porém, o que José não considerava é que havia ocorrido uma mudança de país, de cultura, de usos e costumes. Era uma oportunidade de aculturamento considerável, pelo menos eu sempre vi desta maneira, mas o momento não era para réplicas.

Falei ainda mais algumas palavras de incentivo, colocando-me à disposição, não só como o profissional que ele conhecera, mas também como um novo amigo com quem ele poderia contar.

Levantou-se para sair e disse-me apenas:

– Adeus.

Fiquei observando sua figura enquanto se afastava meio cabisbaixo e voltando-se rapidamente, fez um leve aceno com a sua mão.

Soube depois que, naquela noite, José se despediu da vida, ingerindo uma quantidade enorme de calmantes.

Algumas reflexões

Não posso dizer que a notícia da morte de José não tenha me abalado, apesar de tê-lo conhecido tão pouco. Fiquei profundamente chocado.

Trabalhando em um escritório de advocacia que cuida basicamente de casos de imigração, começava agora a entender, na essência, como era a luta de um imigrante, mesmo daqueles que têm a possibilidade de fazer sua mudança com a família. Ainda assim, não era nada fácil.

A questão não era pura e simplesmente a dificuldade da língua, usos e costumes, ou alimentação para aqueles mais conservadores. Era o processo de adaptação no inconsciente coletivo. Incluir-se na sociedade que, por vezes, negava-lhe o direito de fazê-lo, mesmo que o indivíduo fosse qualificado.

Por intermédio do cubano, já havia conhecido pessoas bem qualificadas em seus países de origem, inclusive com curso superior, como professores, administradores, advogados, entre outras profissões, realizando nos Estados Unidos atividades como faxina, jardinagem, auxiliar na construção civil. Não que isso seja demérito para ninguém, porque eu mesmo tinha sido auxiliar de jardinagem, limpando pátios e cortando grama. Esse não era o problema fundamental, mas sim, a forma como era visto e tratado.

Claro que isso não era uma regra, mas muitas vezes tive a infelicidade de presenciar o desdém das pessoas. Em uma oportunidade, observei uma moça, com seus 15 anos, filha de um dos clientes do cubano, chegar da escola e ralhar com a mãe, pois ela estava conversando com o cubano em espanhol. Ela disse:

— Mãe, você deve falar em inglês, que é a nossa língua e estamos em nosso país. Se essas pessoas vêm para cá sem saber falar o inglês é problema delas, que tratem de arranjar um jeito de aprender o nosso idioma ou então que voltem para o lugar de onde vieram.

A mãe da moça, apesar de ter nascido nos Estados Unidos, era descendente de latinos, filha de peruanos. Portanto, sabia falar espanhol, pois aprendeu em casa, com os pais.

É óbvio que essa não era uma opinião ou atitude compartilhada por todos os americanos. Conheci, e ainda conheço, vários que têm como norma e princípios básicos na vida, o respeito e a boa educação. Aliás, assim é a grande maioria.

Porém, talvez com a ideia de que os imigrantes sejam invasores, algumas pessoas tendem a desvalorizá-los e buscam por todos os meios deportá-los. Muitas vezes com profundo desrespeito, ignoram o lado humano da questão, onde inúmeras situações se diferenciam e, assim, separam os filhos de seus pais e mães, tratam todos como criminosos, esquecendo que o imigrante, antes de mais nada, é gente e, como tal, merece um pouco mais de respeito.

Não existe nenhuma sociedade no planeta que viva completamente isolada das demais, e todas que tentaram puderam experimentar o dissabor da extinção. Somos seres sociáveis, filhos de Deus, portanto irmãos. Fora os princípios de ordem moral, existem argumentações de ordem econômico-financeiras que também envolvem essas questões. De qualquer forma, como seria bom se os oficiais da imigração olhassem esses assuntos sob uma perspectiva mais humana.

Como advogado que sou, não poderia admitir viver em um mundo sem regras e leis que regulem a vida do indivíduo, mas colocar todos no mesmo patamar de ilegalidade, como farinha do mesmo saco é ser, no mínimo, injusto.

Ouvimos muitas vezes que a maioria dos imigrantes ilegais constitui-se de gente falida em seus países de origem, no entanto, isso não é uma verdade absoluta. A grande maioria é de trabalhadores que busca oportunidade e melhores condições de vida, ou seja, simplesmente um lugar ao sol. São criaturas que por vezes não tiveram as mesmas chances. Não porque não lutaram, mas porque a economia de seus países não estava suficientemente desenvolvida e, talvez, não comportava tantos profissionais em uma mesma área.

Duvido que um engenheiro, um advogado, um dentista, ou qualquer outro profissional qualificado, não gostaria de desfrutar dos rendimentos provenientes de sua carreira, em seu próprio país.

Se a mudança ocorre é porque a vida assim o exige. Por isso o respeito, antes de tudo, às pessoas e não simplesmente considerando-as mais um número ou um empecilho.

Não foi o próprio Cristo que nos ensinou que deveríamos amar uns aos outros?

Desde quando o amor tem fronteira, etnia, credo e assim por diante? Só aquele que não ama é que consegue fazer diferença. Ou melhor dizendo, ser indiferente, principalmente com a dor do semelhante.

O caso do José foi um exemplo disso e tudo ficou claro pra mim. Eu não deixaria esta situação passar em branco. Não poderia fazer muita coisa, mas com quem eu pudesse falar, contaria o caso e talvez fosse criando uma rede, quem sabe de solidariedade, no sentido de tornar a realidade dos imigrantes um pouco mais conhecida e, ao mesmo tempo, amparada.

A solidão, o abandono, o descaso, na realidade dói. Não é uma dor que o facultativo consegue encontrar porque está no íntimo da criatura, está no Espírito. Só existe um remédio para ela: respeito.

Aprendendo sempre

O tempo passa e, como disse Humberto de Campos, escritor brasileiro falecido em 1934: "O remédio de Deus é o tempo"...

Concluí meu curso de inglês. Fui muito bem pontuado no exame TOEFL, o que agora me permitiria cursar uma Universidade de Direito. Consegui comprovar, através de meu diploma e do histórico escolar, que já havia cursado no Brasil o que seria equivalente ao *College* nos Estados Unidos. Sendo, assim conquistaria o bacharelado em Direito em dois anos. Em paralelo, comecei a estudar e fui me preparando para o BAR, pois não poderia perder tempo algum. Quanto ao espanhol, tinha também pleno domínio da língua.

Esse era meu foco. Com a Universidade e o BAR poderia exercer advocacia plenamente, mudando assim minha posição dentro da empresa. Apesar do trabalho respeitável, eu não queria continuar como paralegal, o que, na verdade, seria como um estagiário ou um assistente do advogado. Meus objetivos eram de crescimento e estabilidade, e tinha plena certeza que isso seria possível.

Enquanto isso não acontecia, continuava responsável por grande parcela da parte burocrática do escritório. Típico trabalho de estagiário, com tarefas que a maioria não gosta de fazer. Em algumas ocasiões, ainda tive que aceitar o fato de, se solicitado, para buscar um lanche ou um café para alguém mais qualificado, como um simples office--boy, função que já havia exercido aos 15 anos de idade. Apesar de coisas como essas não constarem de minha lista de responsabilidades e me atrapalhar bastante, fazia sem demonstrar nenhum constrangimento, pois eu era grato a essas pessoas, que me auxiliavam a entender processos e leis e, no fim, estava construindo um aprendizado respeitável, sob bases de muita amizade. Gentileza gera gentileza.

Notei que fui ficando popular entre os colegas quando os convites para churrascos ou mesmo os famosos jogos de basquete em estádios começaram a crescer.

Não demorou muito para começarem a me delegar casos mais delicados e complexos, envolvendo processos de imigração. Um deles foi o de um casal homossexual, que se apresentou solicitando visto de trabalho.

Eram duas moças, de nomes Maria e Lúcia, que estavam

nos Estados Unidos há pouco mais de um mês, provindas de um país da América Latina.

Lúcia era a mais impulsiva e tomou a frente na conversa, esclarecendo a situação em um espanhol veloz:

— Imigramos de nosso país para cá por conta do preconceito que existe em relação à homossexualidade. Apesar de levarmos uma vida discreta, existem muitas dificuldades em relação às questões de emprego e mesmo de relacionamento social. As cidades em nosso país são, na sua maioria, muito pequenas, o que facilita com que todos acabem se conhecendo. Infelizmente, em nossa cultura, o preconceito aos gays é grande. Através de amigos e de outras pessoas conhecidas, que também imigraram para os Estados Unidos, sabemos que aqui, o respeito e a aceitação em relação à nossa realidade é muito maior. Procuramos não chamar a atenção de quem quer que seja, evitando qualquer tipo de demonstração de afeto ou intimidade em público, pois não queremos agredir ninguém. O que queremos é apenas viver uma vida normal e com o respeito que merecemos. Bem, precisamos agora de uma permissão de trabalho para que possamos ficar aqui sem qualquer tipo de preocupação em relação à imigração.

— Estou entendendo a situação perfeitamente e acho muito natural o pedido de vocês — respondi — Porém, vamos precisar analisar bem o caso. Sei que a intenção de vocês é obter um visto de trabalho, mas como vocês entraram aqui nos Estados Unidos?

– Entramos com visto de turista, porém não pretendemos mais voltar!

– Entendo, mas preciso explicar a vocês como funciona o visto de trabalho, pois nas leis de imigração, para um visto de trabalho, existe uma série de questões e particularidades que precisam ser atendidas.

Caso não seja possível a aprovação do visto de trabalho, a alternativa de ficarem ilegais aqui é a pior opção. Vocês já devem saber disso, não? Viverão praticamente escondidas do departamento de imigração, com o risco de deportação sempre rondando. Se isso acontecer, talvez vocês tenham que considerar a possibilidade de voltar ao seu país e, com certeza, encarar o preconceito, porém vivendo legalmente. Lúcia não gostou nada do que ouviu. Olhou para Maria, fazendo caras e bocas, dando demonstração clara de estar indignada. Então, respondeu irritadamente:

– Qual parte você não entendeu? Talvez eu não tenha sido clara o suficiente. Você ouviu o que eu disse, sobre não querer retornar ao meu país? Estamos aqui exatamente para que vocês façam alguma coisa. Decidimos pagar pelos serviços de vocês para que nos consigam um visto de permanência, pois não iremos mais voltar ao nosso país.

Pensei comigo mesmo: pronto! Vai ser outro daqueles dias!

— Sim, senhora Lúcia, ouvi e entendi perfeitamente sua solicitação, mas um visto de trabalho não é tão simples assim. Em primeiro lugar, vocês entraram aqui com um visto de turista e querem agora um visto de trabalho. Não é assim que a imigração trabalha. Não se pode entrar em um país como turista e virar cidadão de uma hora para outra, por nossa simples decisão. As autoridades terão que aceitar nossa vontade porque resolvemos imigrar? Existem exigências legais que regulamentam todo o processo.

Ela respirou fundo e emendou:

— Em outras palavras, você está me dizendo que não pode fazer nada?

— Na verdade estou dizendo diretamente que não temos como ajudar. Não estou usando "outras palavras". Dentro dos processos de imigração existe uma quantidade enorme de restrições impostas pelo governo dos Estados Unidos. Não basta querer, é necessário atender a uma série de pré-requisitos e, infelizmente, pelo que pude analisar no caso de vocês, não há como fazer um enquadramento em nenhum tipo de visto disponível.

A reação de Lúcia foi absolutamente inesperada. Ela simplesmente levantou-se e começou a me insultar:

— Você não passa de um preconceituoso e um embromador barato, pensa que vai ganhar o dinheiro da consulta sem fazer nada?

Eu respondi:

— Senhora Lúcia, por favor, acalme-se. Primeiro, eu não sou preconceituoso e, segundo, o dinheiro da consulta não me pertence, mas sim a empresa para a qual eu trabalho.

— Eu quero o meu dinheiro de volta e quero agora. Bem que me disseram que os advogados nos Estados Unidos são todos uns enroladores e que só pensam em tirar o dinheiro das pessoas, sem fazerem absolutamente nada por elas. Você é bandido e ladrão como os outros.

Isso tudo foi dito aos berros. Cena digna de um dramalhão de segunda classe. Os gritos chamaram a atenção de grande parte dos funcionários. Descobri também, através deste episódio, que quando acreditamos que as coisas já estão suficientemente ruins e não podem piorar, nos enganamos profundamente.

Um de meus colegas entrou rápido na sala e perguntou em inglês se eu queria que ele chamasse a segurança.

A coisa ficou muito mais séria, pois Lúcia entendeu o que se passava e partiu para a violência física. Pegou inicialmente uma caixa de entrada de papéis, que era de madeira, e com um movimento rápido e preciso lançou-a na direção de meu colega, atingindo-o em cheio no tórax.

Maria tentou controlar a companheira, mas sem sucesso. Na sequência, ela investiu contra mim, gritando palavras que eu nunca tinha ouvido em minha vida.

Pegou o telefone de minha mesa e, segurando-o como se fosse uma faca, partiu em minha direção, querendo golpear-me na cabeça.

Colocou metade do escritório em polvorosa. Vários colegas apareceram para me auxiliar. Um tratou de chamar a polícia, o outro correu atrás do segurança e um terceiro agarrou-a pela cintura, tentando controlar a situação.

Lúcia esperneava e, aos gritos, tentava usar suas unhas para feri-lo no rosto, chutava tudo e todos que tentassem se aproximar dela.

Os seguranças chegaram e tiveram um trabalho enorme para contê-la, tentando retirá-la do recinto, enquanto ela dizia que voltaria para me matar.

— Vou te esperar na rua e quando você sair daqui eu acabo com você seu advogadozinho medíocre, seu verme!

A polícia chegou e a coisa ficou ainda mais difícil. Para dominá-la chegaram a lançar spray de pimenta em seus olhos. A confusão parecia não ter fim. Ela tinha tanta energia e força que chegava a espantar. Algemaram-na e a levaram para o posto policial.

Maria estava desesperada, chorava e tremia como se estivesse à beira de um ataque de nervos. Alguém providenciou água com açúcar e ela gradativamente foi retomando o equilíbrio.

Passado o furacão, as coisas foram se tranquilizando. Doutor John, que ouvira todo o pandemônio da sua sala, aproximou-se e enviou um advogado para o posto policial para ver o que poderia ser feito, enquanto eu mesmo me perguntava se a minha cabeça não ficara a prêmio depois daquele episódio.

Sempre dizem que depois da tempestade vem a bonança e ela chegou, graças a Deus, pelas palavras de Maria.

— Por favor, desculpem. Lúcia é sempre assim quando perde o controle. Perdoem essa confusão toda, mas ela está sem sua medicação há dias. Trata-se de um tipo de remédio que não temos como comprar aqui, pois precisa de receita médica. Já insisti muito para que ela procurasse um médico local e não parasse o seu tratamento regular.

Falava em espanhol. Outro colega meu fazia a tradução para o doutor John para que não houvesse conflito de interesses, uma vez que eu estava agora sendo averiguado em minha postura.

O anjo salvador de minha pele continuou:

— O rapaz, se referindo a mim, somente deu as orientações necessárias, mas ela tem opiniões muito fechadas sobre determinados aspectos e sempre vê preconceito em tudo.

Desculpou-se mais uma vez e pediu o endereço do posto policial, indo ao encontro de sua companheira.

Doutor John aguardou tudo se acalmar e disse:

— Mais tarde venha falar comigo, ok?

Somente balancei a cabeça em tom afirmativo e respeitoso.

Notícia inesperada

O relógio já marcava 18 horas quando me dirigi à sala do doutor John. Como sempre, me recebeu com seu olhar tranquilo e sua maneira mansa de falar.

De minha parte, estava pronto para o pior. Depois do episódio com Lúcia, não poderia esperar nada além do que um comunicado de demissão.

Ele me cumprimentou de forma cordial e polida, perguntando:

— Como vão as coisas? Como vocês dizem no Brasil, e mudou para o melhor português que pode fazer: "tudo bem"?

— Poderia estar melhor, o senhor sabe. Estas situações inusitadas como a de hoje, tiram o equilíbrio de qualquer um.

— Isso são coisas que acontecem, Francisco. Não somos

só advogados. Por vezes, e até na maioria das ocasiões, somos também psicólogos, conselheiros, amigos e no olhar daqueles que não são atendidos em seus interesses, vilões.

Confesso que fiquei desconcertado, pois para quem esperava ser demitido,, a conversa havia tomado outro rumo.

– Entendo, porém nunca é fácil administrar situações que fogem totalmente a nosso controle. Acredite que procurei fazer o melhor que pude e se cometi algum equívoco, foi o de ser sincero e honesto com a cliente, que simplesmente achou que imigração é mera questão de vontade, de querer, que funciona como pedir um cachorro quente em uma casa de lanches.

– É a falta de informação que faz isso. Algumas pessoas, não todas, desconhecem os processos administrativos e quando você tenta explicar, fazem questão de não querer entender ou nos classificam como incompetentes, como se fôssemos farinha do mesmo saco.

– Mas não queria falar com você sobre o caso da pobre moça. O doutor Rick foi ao posto policial e tratou o caso da melhor maneira que pode. Logo depois da confusão, solicitei a ele que fosse ver o que poderia ser feito. Os próprios policiais perceberam que se tratava de um caso patológico. Em seguida, Maria chegou ao posto explicando a falta da medicação e, assim as coisas foram praticamente resolvidas. Fale depois com o doutor Rick que poderá dar mais informações a respeito, não se preocupe.

— Não deveria? Ela me disse que voltaria para me matar.

Ele riu descontraidamente e arrematou:

— Se todos que prometessem nos matar levassem seu intento até o fim, advogado teria que ter sete vidas, como os gatos! Em todo caso, Francisco, enquanto você continua vivo, diga como vai o seu trabalho, a sua vida.

— Em matéria de trabalho, estou aprendendo muito. Além da parte burocrática, tenho atendido alguns poucos casos que são joias da coroa. Sem dúvida, posso dizer que são, no mínimo, especiais. Terminei o meu curso de inglês e, como o senhor ficou sabendo, consegui uma nota excelente no exame do TOEFL.

— Sim, eu soube! Meus parabéns!

— Obrigado. Tenho praticado o espanhol com o meu amigo cubano. Tenho lido e escrito bastante nesta língua e acredito que estou me saindo bem.

— Isso tudo é ótimo. Acredito que você deva continuar focado em seus objetivos e agora que você está dominando o inglês, deve ingressar em uma universidade para bacharelar-se e depois estudar para prestar o BAR, para advogar oficialmente. Você continua estudando?

— Muito!

— Excelente! Francisco, você tem sido uma inspiração

para muita gente aqui na empresa, esforçando-se e empenhando-se. Situações como a de hoje, sabemos que não são normais, porém, acontecem. O importante é que você não desanime e continue firme em seus propósitos. Olho para você e me recordo do início de minha carreira, onde também fiz muitos esforços. Hoje não sei se teria forças para investir como investi. Era normal dormir pouco, comer mal, viver para o estudo e para o trabalho. Mas o que se conquista na vida sem dedicação, não é mesmo?

Para quem achava que estava com o pé "no olho da rua", foi uma surpresa enorme, pois eu estava recebendo verdadeiro banho de incentivo e de compreensão.

Na vida, infelizmente, são poucos aqueles que ficam felizes com a nossa felicidade e conquistas. Geralmente a inveja costuma atrapalhar, e muito, aqueles que querem realizar algo em favor de si mesmo e da sociedade.

Felizmente, quando temos garra e determinação, são estes que querem nos colocar para baixo, acabam nos desestimulando. Se mantivermos focados em nossos objetivos não nos deixaremos desanimar pela inveja, mas, que em determinados momentos balançamos, isso sem sombra de dúvida, acontece.

Sempre que se quer acender uma luz, tem alguém do contra querendo apagar. Mesmo que em sua mediocridade ele também vá ser prejudicado pela escuridão. Fazer o que, se todos têm o direito ao livre arbítrio? Dizem que gosto não se discute, lamenta-se!

Mas a surpresa maior estava por vir. Doutor John olhou--me mais demoradamente e falou:

– Francisco, não quero ficar apenas no terreno dos elogios, massageando seu ego, até porque sou um homem prático. Conforme disse, reconheço seu esforço e gostaria de investir em sua formação. A universidade que você pretende cursar será custeada pela nossa empresa. O que você me diz?

Fiquei atônito! Não tinha palavras para agradecer e fiz uma força incrível para conter as lágrimas que teimavam em encher os meus olhos.

Ele, percebendo a minha emoção e não querendo me constranger, disse mais algumas poucas e rápidas palavras e despediu-se dizendo:

– Então, se está bom para você, vamos à luta, porque amanhã é um novo dia!

Ao sair do escritório, não cabia em mim, tamanha a alegria que sentia. Sorria ao mesmo tempo em que as lágrimas corriam pelo meu rosto.

Algumas pessoas me olharam de maneira estranha, talvez pensando que eu houvesse enlouquecido. Não estava acostumado a generosidade. Mas era o meu momento, era a minha vitória, pelo menos, o começo dela!

14º CAPÍTULO

Meu lar

Existem algumas coisas que são realmente especiais em nossas vidas. Em meu caso, a oportunidade de cursar uma universidade nos Estados Unidos era um sonho que eu jamais imaginaria poder realizar. Caso não contasse com a ajuda daquele que se tornaria um dos melhores amigos ou, porque não dizer, o meu melhor amigo, e a quem eu seria eternamente grato.

Iniciei meu curso com grande motivação, apesar da dificuldade em realizar meu trabalho com a mesma eficiência. Remanejei meus horários, me esforçando muito para não deixar de fazer nenhum dos atendimentos por conta da faculdade.

Sábados, domingos e feriados não eram mais dias de folga, mas de trabalho e estudos. Lazer era artigo de luxo, pois estava envolvido até o pescoço em atividades profissionais e da universidade.

Estudar era praticamente minha única diversão. Apesar do cansaço normal, da alimentação muitas vezes improvisada e das poucas horas de sono, as coisas corriam bem e eu estava muito feliz.

A parte financeira começou a dar sinais de melhora, não só por ter recebido um aumento, como também pelo tipo de vida que levava. Afinal, não ter tempo para lazer tem as suas vantagens, pois também não tinha com o que gastar nem um dólar.

Pensei que já era tempo de cuidar da vida e comecei a procurar um apartamento para alugar. Chegara a hora de ter minhas coisas, não que eu fosse uma pessoa exigente ou consumista, mas precisava ter o meu próprio espaço, minha individualidade.

Sempre acreditei no ensinamento de Jesus: "Ajuda-te que o Céu te ajudará". Não tinha dúvida alguma que isso era uma realidade incontestável, porque o Universo sempre conspira favorecendo quem tem o desejo firme de construir seu próprio bem e o da sociedade.

Depois de algumas semanas de busca, acabei encontrando um lugar que até poderia chamar de "apertamento". Apesar de ser bem pequeno, para mim era uma verdadeira mansão, se comparada ao meu quartinho na casa do cubano.

O apartamento era acolhedor, possuía mobília simples,

necessitava apenas de pintura e uma boa limpeza. Mário e a esposa me ajudaram e, em pouco tempo, minha nova moradia estava pronta para me receber.

Ele mesmo me ajudou com minha pequena mudança, pois só o que possuía de valor eram os meus livros, três ternos e algumas outras poucas bugigangas.

Em certo momento, disse-me:

– Francisco, gosto muito do que vejo, estou muito feliz por você. Para quem chegou aqui cortando grama, o progresso foi grande e rápido, não? Continue se esforçando, nunca desista. Quando acreditamos em nossos sonhos e lutamos por eles, o êxito é mais fácil.

– Obrigado, meu amigo! Estou muito feliz também! Sinto que estou progredindo, aprendendo e devo isto também a você!

– Não me deve nada, Francisco. Quando cheguei aqui, encontrei pessoas que também me ajudaram a ser o que sou hoje. Procuro fazer o mesmo quando tenho oportunidade. Tento, de alguma forma, retribuir o que a vida me deu.

Refleti sobre as palavras do cubano e, por um instante, pensei no meu trabalho. Eu lidava com pessoas que, como eu, buscavam se estabelecer em terras americanas. Lembrei-me de ter atendido vários clientes que passavam por sérias dificuldades, e então, me dei conta de que realizei meu trabalho de forma eficiente, sem dúvida, entretanto, eu poderia ter sido um pouco mais sensível e humano, mais atencioso e motivador. Enfim, poderia ter feito algo a mais por aquelas pessoas, assim como Mário e o doutor John fizeram por mim. Aquilo soou como um alarme em minha cabeça e então, naquele momento, decidi que mudaria minha postura neste aspecto, como forma de retribuir a vida, o muito que já havia recebido. Ainda sob o impacto daquela constatação, disse ao cubano:

— Vou seguir seu exemplo, Mário. Sempre que puder, tentarei ser útil e ajudar mais as pessoas. Obrigado por tudo!

Abraçamos-nos emocionados.

Um silêncio se fez enquanto carregávamos sua pick-up com minhas poucas coisas.

Naquele momento, meu novo lar coroava minha lista de conquistas.

Estava envolto em um sentimento que era um misto de alegria e melancolia. Naquele instante, como em um filme, me dei conta do quanto a minha vida já havia mudado. Do caminho que eu havia percorrido, sem que eu nunca sequer tivesse imaginado que algo parecido pudesse acontecer. Em meio a tantas lutas e batalhas, havia perdido algumas, é verdade, mas, colocando na balança, ganhara muito mais do que perdera e isso me fazia sentir um gosto maravilhoso de vitória e realização.

Inevitavelmente, acabei fazendo uma retrospectiva do que havia acontecido na minha vida nestes últimos três anos.

Mudara para um país desconhecido com a cara e a coragem, sem domínio do idioma e quase sem dinheiro nenhum, com formação universitária, porém sem poder exercer minha profissão; sem família, contando apenas com a companhia de um único colega. Hoje, em tão pouco tempo, possuo um emprego promissor na minha área de formação acadêmica; possuo amigos verdadeiros, um lar; estava agora frequentando uma faculdade americana que me daria condições de crescimento e estabilidade profissional! Meu Deus! O que mais eu poderia desejar?

Coisas do coração

Depois de instalado em meu novo lar, a vida ficou mais confortável. O meu apartamento era localizado, estrategicamente, nas proximidades do escritório e da universidade, o que facilitava, e muito, a administração dos meus compromissos e horários.

Na faculdade, fiz poucas amizades. Por ser mais velho que a maioria dos alunos, não me identificava muito com as festas, conversas e comportamento daqueles jovens, apesar de entender e respeitar esta fase da vida por já tê-la vivido, embora em outras condições.

Em meu círculo de colegas e amigos havia uma moça americana chamada Jennifer. Ela era alegre, simpática e muito dedicada aos estudos. Chamava a atenção por sua disponibilidade para com as pessoas, mantinha-se sempre pronta a auxiliar. Fazia parte do centro acadêmico, estava engajada em projetos sociais, promovidos pela universidade.

Certo dia, me procurou para uma consulta profissional. Sabia que eu trabalhava em um escritório especializado em imigração e conhecera em uma de suas visitas, promovidas pelo projeto da escola, uma família que precisava de orientação. Lembrando-me de minha conversa com Mário, percebia que a vida sempre nos ofertava possibilidades de sermos úteis e, assim pensando, me dispus a auxiliar. A partir daí ficamos amigos. Sempre que podíamos, estávamos juntos. Sentia com Jennifer uma cumplicidade imensa, não competíamos, cooperávamos um com o outro. Nossas conversas sempre tinham gosto de quero mais. Falávamos por horas e sobre todos os tipos de assuntos. Fizemos parceria nos estudos, o que me ajudava muito pelo pouco tempo que tinha.

Jennifer era uma típica garota americana, mais nova que eu, embora demonstrasse muita maturidade para sua idade. Aos poucos sentia nascer em meu coração um sentimento diferente. Mas procurei bloqueá-lo, pois meu foco era outro. Prometi a mim mesmo que faria o possível e o impossível para me sair bem nos estudos e em meu trabalho. Devia isto ao doutor John. Sua generosidade merecia gratidão e empenho. Não permitiria que nada me distraísse ou mudasse meus planos.

No fundo, existiam outros motivos. Sentia-me de certa

forma inseguro em relação a sentimentos e vida afetiva.

Até então não havia tido mais do que algumas poucas namoradas no Brasil. Nunca firmei um relacionamento ou me envolvi de forma mais séria com ninguém. Talvez por uma questão de defesa, tenha desenvolvido essa frieza, dado que, de uma forma ou de outra, fui abandonado pelas pessoas que amei, então, entendo que essa foi a forma que encontrei de me proteger, construindo um muro que me distanciasse do sofrimento de perder alguém novamente.

Certo dia, Jennifer disse-me que havia ganho ingressos para o jogo de basquete e me convidou para assistir a partida com ela, em um ginásio no centro de Miami. Aceitei imaginando que outros colegas também fossem.

Fiquei um pouco surpreso em constatar que somente eu e ela iríamos ao jogo. Nunca tínhamos nos encontrado fora da universidade. Nossas conversas eram sempre no campus, por telefone e emails. Sempre evitei um encontro, pois percebia certo interesse dela por mim. Nossa amizade era tão valiosa que temia comprometê-la com um envolvimento que poderia não dar certo, perdendo assim um relacionamento que me fazia tão feliz.

A caminho do estádio, perguntei:

— Você não convidou o pessoal da universidade para o jogo?

— Sim, convidei. Mas hoje tem uma daquelas festas que

nós dois não gostamos muito, então o resultado é que seremos só nós dois. Você se incomoda?

– Não, claro que não!

Menti descaradamente. Não sei o que estava acontecendo comigo. Sempre conversávamos sozinhos, sem problema algum mas, naquele dia, eu estava sentindo que alguma coisa diferente pairava no ar. E comecei a indagar a mim mesmo: qual o problema de assistir um simples jogo ao seu lado, no meio de uma multidão? Por que meu coração estava mais acelerado do que o normal? Por que minhas mãos estavam molhadas e trêmulas?

Entramos e fomos procurar nossos lugares. Depois de acomodados; com refrigerante comprado, pipoca e todas as calorias de que tínhamos direito, aos poucos fui relaxando e pude aproveitar o ótimo programa. Era a primeira vez que assistia a um jogo de basquete ao vivo, sendo que aquele era de final de campeonato nacional, o que tornava muito mais emocionante. Podia sentir a vibração de todos quando as cestas eram marcadas.

Tinha sido uma das poucas diversões que havia tido nos últimos tempos, mas com certeza, este esporte me cativaria pelo resto de minha vida.

Quando saímos, ela disse que precisava voltar logo para casa porque tinha visitas de uns tios que haviam chegado naquele dia de Nova York.

Perguntou se eu precisava de uma carona. Achei melhor não aceitar, para não causar nenhum problema em relação ao seu horário.

Na despedida, seus lábios roçaram rapidamente nos meus. Não sei se foi por acidente ou se foi proposital. Senti imediatamente um choque, como se uma descarga elétrica tivesse me atingido. Ficamos sem jeito e nos despedimos rapidamente.

Voltei para casa naquela noite meio que anestesiado e não consegui parar de pensar nela!

Continuamos nossa amizade e nossas conversas, sem nunca falarmos sobre aquele incidente. Poucos dias mais tarde, ela me convidou para um churrasco em sua casa. O que achei ser uma ótima oportunidade para conhecer sua família e poder travar maior contato com americanos, pois estava sempre procurando conhecer melhor seus costumes. Para mim, ter a oportunidade de ser apresentado a novas pessoas era sempre muito motivador.

Comprei um lindo arranjo de flores para entregar à dona da casa, no caso, mãe de Jennifer, baseado nos conselhos de um colega do escritório; seguindo aí o melhor princípio da boa educação.

Ao me aproximar do endereço que Jennifer havia me fornecido, notei que se tratava de um bairro de padrão muito acima de classe média que já havia visitado. Eram verdadeiras mansões, posicionadas a beira de inúmeros canais e lagos. Os fundos das casas estavam voltados para os canais e podia-se ver barcos e iates ancorados, como se fossem carros nas garagens.

Jennifer e sua mãe foram me receber na porta, sendo que a segunda lançou-me um olhar entre desconfiado e analisador. Tratou-me de forma cordial, sem nenhum exagero.

Deu-me a impressão de que estava preocupada que eu invadisse seu território, como se estivesse na defensiva, protegendo sua filha que, naquela altura, eu já sabia ser única. Respirei fundo e entreguei-lhe as flores, procurando ser o mais cortês possível.

Fomos caminhando até a área da piscina, que para mim parecia mais com um clube, não só pelo tamanho propriamente dito, mas também pelos móveis, arranjos e decoração.

Seu pai estava em torno dos apetrechos do churrasco, pois era a sua especialidade e fazia questão de cozinhar em algumas oportunidades. Foi extremamente polido e cavalheiro, logo tratou de me deixar à vontade e o mais confortável possível.

Sentamo-nos debaixo de um guarda sol quando, então, sua mãe aproveitou a oportunidade para iniciar a conversa, tratando de especular sobre a minha vida, tentando obter o máximo de informações a meu respeito. Notei que estava passando por uma espécie de interrogatório realizado com muito tato, mas com tantas perguntas que me deixavam constrangido.

Jennifer tentava disfarçar o embaraço da situação, talvez por não esperar uma reação daquela natureza. Uma intuição me dizia que, provavelmente, teria sido a minha fisionomia de origem latina que estivesse causado aquela circunstância, um verdadeiro mal estar. Mas, como advogado, utilizei da minha habilidade com as palavras para matar a sua curiosidade, com muito tato.

Comecei a responder calmamente sobre minha origem, o que fazia eu nos Estados Unidos, como havia chegado, onde morava e assim por diante.

Ela era muito astuta. Fazia seu interrogatório com ares de muita classe.

O pai de Jennifer, finalmente, me tirou daquela situação quando me chamou para estar ao seu lado na churrasqueira. Muito simpático, perguntou:

— O que achou da prova? Minha esposa às vezes gosta de fazer interrogatórios — disse sorrindo — Sabe como são essas coisas de supermãe, não?

Eu, tentando descontrair, respondi:

— Sua esposa é muito amável e tivemos uma conversa extremamente agradável.

Na hora, pensei: Pois sim! Se um general nazista estivesse me interrogando, talvez fosse menos voraz!

A partir daí, o almoço transcorreu sem muitas emoções. O pai de Jennifer, sempre bem humorado, conduzia a reunião de forma amigável, tentando me deixar a vontade. Sua mãe estava aparentemente tranquila, no entanto, não sabia se era sincero ou apenas estivesse disfarçando a situação na frente do marido, não querendo se mostrar mais inconveniente do que já havia sido.

Logo após o almoço, ambas foram buscar a sobremesa na cozinha, o que estranhei bastante, pois havia muitos empregados na casa sempre a disposição de todos e eu era a única visita. Passados alguns minutos, Peter, o pai de Jennifer, saiu para ir ao *toillete* e eu me dirigi à cozinha para oferecer ajuda, não por curiosidade, mas apenas querendo ser solícito. Passei por uma sala gigantesca e quando comecei a entrar na cozinha pude ouvir que estava sendo alvo de comentários por parte de Caroline, mãe de Jennifer. Como não perceberam minha presença, infelizmente escutei a conversa:

— Filha, como você pode trazer esse rapaz para dentro de casa? Um imigrante pobretão, sem qualquer referência!

— Mãe — disse Jennifer — não seja preconceituosa. Ele é meu amigo e é uma pessoa muito especial!

Tossi, para anunciar minha presença e me fazendo de

desentendido, perguntei se estava tudo bem e se precisavam de alguma ajuda. Percebi a surpresa de ambas e um profundo desagrado e embaraço de Caroline que se pôs a buscar os talheres e a expedir ordens para uma das suas funcionárias.

Confesso que fiz o possível para me manter impassível. Estava novamente diante da realidade nua e crua, diante do preconceito. Imigrante é isso, imigrante é aquilo... Como se todos pudessem ser classificados por uma única situação.

Na hora, pensei em dizer alguma coisa, mas a educação e o bom senso preponderaram. Caroline estava na casa dela e eu poderia ouvir algumas poucas e boas se quisesse agir no seu terreno.

Achei prudente esperar uma oportunidade melhor para dar-lhe uma resposta à altura se, e quando, fosse possível.

Jennifer demonstrava constrangimento, pediu desculpas e disse que sua mãe era uma pessoa difícil, mas tinha bom coração. Vendo seu abatimento, me comovi. Não queria que ela sofresse por minha causa.

Terminamos a sobremesa em clima tranquilo, com café e chocolates deliciosos, sendo servidos pelo próprio anfitrião, que demonstrava profundo respeito por mim.

Mais algumas poucas horas e eu precisava me retirar. A segunda-feira me esperava e eu iria ainda colocar algumas coisas em ordem, rever alguns pontos das minhas aulas, enfim, situações corriqueiras.

Despedi-me primeiramente do Senhor Peter com os agradecimentos costumeiros. Ele continuava a distribuir simpatias. Em seguida, despedi-me de Jennifer. Porém, ao me despedir de sua mãe, tive uma pequena oportunidade de retribuir algumas das suas palavras, quando ela me acompanhou até a porta e disse:

– Foi muito boa a sua visita, aguardaremos ansiosos o seu retorno.

Senti toda a falsidade do mundo em suas palavras e, não querendo parecer prepotente nem tampouco mal educado, não permitiria ser tratado como "João Ninguém" novamente. Procurei colocar minha voz em um tom baixo, porém firme e pausado, e então com um largo sorriso no rosto, falei:

– Duvido muito que a senhora realmente esteja ansiosa em me ver novamente, pois como a senhora mesmo disse eu não passo de um imigrante!

Ela não articulou nenhuma palavra porque sabia muito bem o que eu estava dizendo e, por minha vez, pensei, com satisfação, que ela se lembraria de mim por muito tempo.

Valores

Caroline acabou por me fazer um grande favor. Sua maneira preconceituosa de pensar despertou em mim uma boa dose de autoestima, levando-me a refletir, não sobre como ela ou os outros me enxergavam, mas sim como eu me via. Isto seria de grande valia para minha vida.

Nossa percepção da vida é subjetiva, tem as cores dos nossos sentimentos, experiências e valores. Aquilo que acreditamos ser é o que seremos. Descobri naquele instante que, apesar de dizer que me considerava igual à maioria, no fundo não me via desta forma. O preconceito estava em mim mesmo.

Lembro-me de meu pai dizendo que eu não deveria me considerar inferior a ninguém pelo fato de ser pobre, pois o que realmente tinha valor era nosso caráter. Isto sim diferenciava as pessoas. Naquela época não entendia exatamente o que meu pai estava tentando dizer. Porém, hoje sei que ele falava sobre valores morais, sobre ser bom, justo e honesto.

Todos somos imigrantes. Estamos na Terra só de passagem, literalmente. Imigramos para o planeta e um dia sairemos dele em um curto espaço de tempo. Considerando o processo evolutivo de milhares de anos, se analisarmos simplesmente o *homo sapiens* moderno, viver 90, 100 anos, é um tempo insignificante.

É comum dizermos, quando alguém falece com cem anos: fulano viveu muito!

Muito? Para quem?

Pensando dessa maneira, comecei a entabular meus próximos movimentos em relação a minha carreira. Não estava me especializando? Os Estados Unidos não eram a terra das oportunidades para profissionais que se destacavam em suas respectivas áreas e não necessariamente nativos? Pois bem! Então estava na hora de avançar mais uma etapa em minha profissão. Não era questão de vaidade, mas de justiça, de valorizar meu potencial. Se eu continuasse a me comportar como um imigrante sem valor; um perdedor, assim é que seria tratado pelos outros. E eu não estava nem um pouco interessado em me posicionar como um perdedor.

Decidi que marcaria uma reunião com o doutor John

para tratar de alguns aspectos que vinham acontecendo comigo profissionalmente. Queria falar sobre os inúmeros casos sem importância e inexpressivos que eram direcionados para mim, pois ninguém mais queria cuidar deles, toda a parte burocrática que vinha sempre parar em minhas mãos, sem contar a tarefa do menino comprador de lanches. Pretendia não entrar em detalhes para não comprometer nenhum colega do escritório, mas, estrategicamente, deixaria-o de sobreaviso, pois pretendia mudar minha atitude diante dessa situação.

O fato é que não me incomodava em ser gentil, uma vez que gentileza gera gentileza, mas muitos abusavam da minha boa vontade ou mesmo da minha condição de subalternidade para transferirem para mim coisas que não me pertenciam. Na realidade, eu havia me conscientizado sobre o meu valor, meu profissionalismo e meu caráter.

Enquanto essa reunião não acontecia, fui seguindo a minha rotina. Foi com muita satisfação que percebi que Jennifer não havia mudado seu comportamento em relação a mim, fiquei ainda mais encantado por sua postura madura.

Quando tivemos oportunidade de falar a respeito do ocorrido na casa dela, com muito tato, ela disse:

— Devo desculpas pela atitude inoportuna de minha mãe. Caso você esteja aborrecido, eu posso entender.

— Absolutamente — respondi. Na verdade, sua mãe não

pode calcular o favor que me fez. Ela contribuiu para me tirar do ostracismo, fez enxergar coisas importantes em minha vida. De repente, acho que tomei vergonha na cara, se é que posso me expressar dessa maneira, e comecei a prestar mais atenção em mim. Estava vivendo uma realidade de um simples serviçal. Com certeza, meus equívocos ao meu próprio respeito, são devidos a minha origem e condição social serem muito simples. Porém, não sou desprovido de capacidade e valor. De repente, percebi que essas colocações de fundo capitalista, onde não existe ninguém que seja insubstituível são, de fato, uma forma de manipulação no sentido de amedrontar, principalmente aqueles que não se valorizam.

E complementei:

— Naquilo que fazemos, somos realmente insubstituíveis. Mesmo que outros possam fazer aparentemente melhor, farão de forma diferente porque somos semelhantes e não iguais.

- Concordo com você, Francisco, mas tudo isso foi despertado por um comportamento desrespeitoso? Como poderia isso ocorrer?

— Não! Isso tudo sempre esteve dentro de mim, eu é que vinha me enganando há muito tempo. Muitas vezes queremos valorizar nossas posições pelo que temos e não pelo que somos. As pessoas, não todas evidentemente, costumam valorizar muito o endereço, os carros, as contas bancárias, as viagens e tantas outras coisas materiais. Entretanto, essas coisas não nos retratam corretamente, como você bem sabe.

– Damos valor à forma e não ao conteúdo, não é? - ela arrematou.

– Sim! Não estou desvalorizando as conquistas e também não vou abrir mão das oportunidades de viver melhor, mas, simplesmente não preciso ser escravo de minhas posses. Posso ser o senhor delas, não? O Bob Marley é quem tinha razão nesse ponto, quando disse: "Deus fez as pessoas para serem amadas e as coisas para serem usadas; mas por que amamos as coisas e usamos as pessoas?"

Finalmente minha reunião com o doutor John foi marcada e no dia combinado fui chamado por ele que se mostrou muito solícito e animado, como sempre, e foi logo me cumprimentando:

– Francisco, como anda o nosso futuro bacharel?

– Estou bem doutor e o senhor? Como tem passado?

– Bem. Mas o que o traz aqui?

– Coisa simples, doutor. Serei objetivo para não tomar muito do seu tempo, pois sei das suas atribuições. Falei de maneira a ser o mais cordial possível e realmente não querendo me alongar muito na conversa. É a respeito do trabalho que venho executando aqui no escritório.

– Algum problema, Francisco?

– Não, problema não é bem o termo. Porém, gostaria de fazer algumas colocações. No início de minhas atividades aqui no escritório, sabia e concordo plenamente, até mesmo para meu aprendizado, que receberia tarefas burocráticas e que os casos a mim destinados seriam os mais simples ou talvez os menos gloriosos, se posso assim dizer. Até aí, nenhuma novidade, mas meus colegas começaram a repassar tudo o que não lhes era interessante e ainda mantenho a atividade de office boy, fazendo entregas e comprando lanche. Não que isso desmereça a quem quer que seja, inclusive gostaria de deixar claro que não se trata de uma reclamação sobre o trabalho, mas sim a respeito de coisas que considero abusivas. Sendo assim, doutor John, minha intenção é de me posicionar de forma diferente de agora em diante, educadamente, sem dúvida, porém diferente. Conhecendo a natureza humana, sei que a mudança de postura poderá causar certo desconforto para alguns colegas, então gostaria de deixá-lo ciente antecipadamente do que estará acontecendo, pois me preocupo que a maledicência de alguns insatisfeitos possa influenciar sua maneira de pensar a meu respeito.

Para a minha total surpresa, mais uma vez, a resposta que recebi foi a seguinte:

– Francisco, não só entendo, como esperava que você

viesse me procurar. Observei acontecer várias vezes o que você está falando. Esperei que você tomasse a iniciativa e se autovalorizasse. Não quis interferir para não colocá-lo em uma situação ainda pior. Não se preocupe com conversas porque elas fatalmente ocorrerão. Continue seu trabalho, pois como diz o velho ditado árabe: "Os cães ladram enquanto a caravana passa".

Goiabada novamente

O tempo correu rápido. Dois anos passaram em um piscar de olhos. Faltava pouco para a minha formatura.

Eu e Jennifer fomos ficando cada vez mais próximos um do outro. Passávamos muito tempo juntos e então descobri que ela era realmente uma grande amiga e companheira. Na verdade, era muito mais do que isso e estávamos totalmente envolvidos. No final do último semestre da faculdade começamos a namorar oficialmente, para espanto e alegria de muitos colegas que se acostumaram a nos ver apenas como grandes amigos.

Aos poucos ela foi derrubando todos os muros que eu havia construído ao meu redor. Mostrando-me que o amor verdadeiro é simples e bom. Nós é que complicamos muito as coisas. Fui trabalhando o medo do relacionamento sério, medo de perdê-la e ficar sozinho de novo.

Certa vez, Mário me deu um livro de mensagens de reflexões psicografado por um brasileiro, Francisco Cândido Xavier, e lá encontrei uma frase que despertou algo em meu coração. Dizia Emmanuel, o autor espiritual: "Só possuímos o amor que damos". Aquilo soou para mim como verdade absoluta. Só podemos sentir o amor que está em nosso coração.

O amor não acaba por conta da morte ou da distância. Quando é verdadeiro, a tudo sobrevive. Nós é que não sobrevivemos sem amar.

Amar é uma decisão e construção; o amor se constrói. Em minha vida ainda havia algumas obras em execução, outras estavam apenas no início como, por exemplo, alcançar um bom relacionamento com a mãe de Jennifer, no caso, minha futura sogra.

A alegria de nossos amigos não era compartilhada por Caroline. Imaginava o que deveria estar passando na sua cabeça, em relação ao nosso namoro. Jennifer, uma moça americana, maravilhosa, namorando um imigrante pobretão como eu. Que desperdício! Deveria pensar ela, em relação à escolha de sua filha.

Literalmente, dei de ombros. Não estava mais preocupado com o pensamento das outras pessoas a meu respeito e, felizmente, minha namorada tinha a mesma postura. Ela era muito madura e não se deixava abater por nenhum tipo de pressão da família. Era exatamente isso o que eu esperava dela, firmeza de caráter. Precisava de alguém forte ao meu lado e tinha encontrado. Partilhava do velho e batido ditado: "atrás de um grande homem, sempre existe uma grande mulher", sendo o contrário também verdadeiro.

No dia da minha formatura, estavam presentes algumas pessoas do escritório, capitaneadas pelo doutor John e sua família, além do cubano e toda a sua tropa, como ele se referia à esposa e aos sete filhos.

Jennifer estava com grande parte de sua família e amigos. Para o horror de sua mãe, Jennifer, com grande alegria, me apresentou a todos, sem exceção, como seu namorado.

Foram momentos de muita emoção. Doutor John estava satisfeitíssimo e disse que após essa vitória, o *Bar Examination,* que é o equivalente ao Exame da Ordem no Brasil, me esperava e, com a minha determinação, esse seria outro desafio que eu venceria facilmente.

Sempre recebia palavras de incentivo de quem a cada dia admirava mais, como a figura de um pai que havia perdido.

É certo que os pais fazem muita falta quando somos pequenos, pois precisamos de orientação e referência. Porém, quando nos tornamos adultos, o que sentimos é a falta do ombro amigo e confiável para conversar, trocar experiências, dividir sucessos e derrotas com aqueles que foram responsáveis pela nossa maior conquista: a vida.

Mas o momento era de comemoração e uma grande surpresa me aguardava. Doutor John convidou a todos para irmos a casa dele, pois havia preparado uma festa para mim. Uma verdadeira surpresa! A maioria do pessoal do escritório nos aguardava lá.

Não fui capaz de conter minha emoção. Mais uma vez, voltava a minha infância e lembrei do Roberto e de meu pai. Ah, se eles me vissem nesse momento! Teriam certeza que eu estava conquistando meu pedaço de goiabada.

Despedi-me de Jennifer, que acompanhou sua família e amigos a casa de seus pais. Pensei que fosse causar um enfarto na sua mãe quando nos despedimos como um casal apaixonado e feliz. Estávamos em êxtase, não só por nossa vitória na universidade, mas também e, acima de tudo, por conta de um amor que superava todas as nossas diferenças.

Ela também prestaria o Exame, então combinamos que tão logo nos formássemos, não perderíamos tempo e começaríamos imediatamente nossa preparação para prestar os exames.

E assim foi. Focamos nos estudos por quatro meses seguidos, parecíamos verdadeiros zumbis. Fizemos nossas inscrições e fomos a Nova York prestar os exames, o que era muito mais interessante pois, uma vez aprovados, a abrangência em nossa atuação como advogados seria muito maior dentro dos Estados Unidos. Se fizéssemos o exame na Flórida, ficaríamos um pouco mais restritos.

Foram dois dias inteiros de provas e realmente muito mais difícil do que eu imaginava. Entretanto, saímos de lá com a convicção de que ambos havíamos ido bem. Precisávamos agora aguardar quase vinte dias para saber o resultado e nossa pontuação.

Enquanto aguardávamos, Jennifer me incentivava o tempo todo, dizendo em tom orgulhoso:

— Veja só, você prestou o exame e tenho certeza que foi super bem-sucedido! Esse exame é para poucos. Você conseguiu, inclusive, superar a dificuldade com o idioma! Admiro muito você, meu amor. Você é um exemplo para muitas pessoas, inclusive para mim. Até outro dia você era um simples assistente de jardineiro. Isso é o que chamo de determinação!

Os vinte dias se passaram lentamente, pareceu uma eternidade. Não conseguia dormir direito à noite, pois acordava pensando no teste, no resultado e não pegava mais no sono. Mas finalmente acessamos o site do exame com os nossos números e inscrição e vimos que fomos aprovados!!!!

Fiquei tão emocionado e, em meio a lágrimas, falei para Jennifer:

– Não consigo acreditar que isso seja verdade...Vim para cá esperando que talvez pudesse ser bem-sucedido, mas não tinha a menor ideia do que me esperava, e Deus me deu muito mais: a felicidade de superar a mim mesmo, e também me deu você, o amor da minha vida!

Liguei para doutor John e contei a notícia, que também se emocionou ao telefone, dizendo:

– Parabéns! Eu não tinha dúvida alguma que isso iria acontecer. Desculpe a emoção, mas acho que já começo a sentir que estou ficando velho.

Na verdade, nós dois chorávamos ao telefone.

No dia seguinte, quando cheguei ao escritório, fui recebido pelos colegas e pelo próprio doutor John, com muita alegria.

Os desafios agora seriam outros. Preparei a minha documentação para o Green Card, porque já entendia estar atrasado com o assunto tão importante para a minha carreira nos Estados Unidos.

Depois de ter cumprido todos os procedimentos adequados e os documentos entregues, recebi o protocolo. Acompanhei o processo pelo site do USCIS com uma ansiedade enorme.

Depois de uns vinte dias, quase morri de emoção novamente, quando vi que meu pedido havia sido aprovado. Dei um grito de alegria em meu escritório e vários colegas surgiram na porta imaginando que estava passando mal.

Quando dei a notícia, todos vibraram!

A emoção de receber a aprovação de minha solicitação era enorme, somente comparada a minha formatura. O documento representava para mim um passo importantíssimo, pois naquela altura já havia decidido fixar residência definitiva nos Estados Unidos.

Liguei para a Jennifer, que já estava empregada no escritório de advocacia de seu tio, e foi uma verdadeira festa pelo telefone.

Depois, liguei para o cubano que imediatamente disse: - precisamos comemorar com um *puerco asado guajiro*. Um dos pratos típicos da cozinha cubana, que Mário preparava muito bem.

O doutor John chegou ao escritório logo depois, vindo de uma reunião com um dos nossos clientes, quando viu o burburinho e foi ver do que se tratava.

Sabendo da notícia, aproximou-se cumprimentando--me:

— Francisco, você é um rapaz que me enche de orgulho. Sua força e determinação sempre me impressionaram.

Quando agradeci, ele rebateu:

— Quer saber, sou eu que agradeço porque suas conquistas trazem motivação para todos. Você trouxe muita alegria para o nosso escritório, não só pelo seu esforço e dedicação, mas principalmente por sua maneira de ser, extrovertida e alegre. Continue assim, meu filho! Que Deus o abençoe e ilumine seus caminhos.

Agora ele realmente falava como se fosse um verdadeiro pai, chegando mesmo a me abençoar. Respondi com um "Assim seja!"

18º CAPÍTULO

Consulta estranha

Era final de tarde de uma quinta-feira e eu ainda tinha que fazer um último atendimento. O dia tinha sido especialmente estressante, com vários processos cujos prazos se sobrepuseram, fazendo com que a parte burocrática ficasse ainda mais complicada e precisavam ser encaminhados no dia seguinte para o Departamento de Imigração. Porém, o lema do escritório era jamais deixar o cliente esperando e nunca, a não ser em caso de extrema urgência, desmarcar um atendimento.

Dirigi-me a recepção, cumprimentei o cliente, senhor Gregório, e o encaminhei até uma das salas de reunião. Ele estava acompanhado de uma mulher, muito mais jovem do que ele, a qual me apresentou como sua esposa, senhora Jacqueline. Moça lindíssima, mas demonstrava um gosto um tanto extravagante em joias, roupas, calçados e bolsas. Todos de marcas caríssimas.

Não que eu me importasse com isso, muito pelo contrário, estava sempre atento para evitar qualquer pensamento preconceituoso, mas, honestamente, a jovem senhora parecia uma árvore de natal. Bem, meu foco era o aspecto profissional e não o da moda e, como se costuma dizer nos Estados Unidos: *"Time is money"*. Ou seja, tempo é dinheiro.

Acomodamo-nos e rapidamente iniciei o assunto, pois percebi que o casal tinha pressa com algum compromisso logo em seguida.

— Senhor Gregório, senhora Jacqueline, no que posso ser útil? Uma de nossas assistentes adiantou brevemente que o senhor está abrindo uma empresa aqui nos Estados Unidos.

— Sim, doutor Francisco, exatamente! Trata-se de uma companhia especializada na contratação de modelos, visando o setor da moda, no qual temos muito interesse. Nosso negócio é descobrir novos talentos e por meio de contatos com outras agências no mundo todo, exportar esses modelos para o exterior. Como já deve ser de seu conhecimento, as jovens brasileiras, tem grande destaque internacional nessa área, não só pela beleza, mas acima de tudo pelo talento e desenvoltura.

— De fato, senhor Gregório, não sou um assíduo leitor das colunas específicas, mas tenho acompanhado alguns casos, sim. Nossa miscigenação produziu uma raça muito bonita, se é que posso me expressar assim.

— Sem dúvida, doutor Francisco! — Ele se mostrou muito satisfeito com o fato de eu ter compreendido seu interesse e prosseguiu:

— Como eu estava dizendo, abriremos uma agência aqui. Será uma filial da empresa que já temos no Brasil, onde já estamos operando há cinco anos, aproximadamente.

— E o senhor tem sócios nessa operação? Se tiver, algum deles também têm interesse em imigrar para cá?

— Tenho mais dois sócios, mas que continuarão a gerenciar os negócios no Brasil, enquanto me dedico a filial norte-americana.

— O senhor já tem a empresa aberta aqui? Já iniciou as operações?

— Sim. Iniciamos as operações há mais ou menos dois meses. Temos instalação em local apropriado. O investimento total será, aproximadamente, de dois milhões de dólares. Divididos, evidentemente, em instalações, contratações de funcionários especializados no ramo de fotografia, filmagens, marketing etc.

— Bem, através dessa empresa aqui o senhor pretende solicitar um visto de trabalho, correto?

— Sim, exatamente. Gostaria de saber se é possível proceder dessa forma.

- Não vejo problema no visto de trabalho, principalmente em função do porte do negócio que o senhor está apresentando. Um investimento desta ordem significa que a própria matriz, no Brasil, vem apresentando bons resultados.

— Excelentes, doutor, excelentes resultados!

— O senhor e sua esposa já viveram fora do Brasil?

— Ah sim! Viajamos muito. Temos casa aqui, em Miami, há muito tempo, pois adoramos o estilo de vida da Flórida. Adaptação não será problema. Moramos..., melhor dizendo, passamos sempre bastante tempo aqui, cuidando de negócios e também desfrutando de momentos de lazer, com pescas em alto mar. Gosto muito de barcos.

— Muito bem, senhor Gregório. Tenho uma pequena lista de documentos necessários para apresentarmos ao Departamento de Imigração Americana que gostaria de poder adiantar com o senhor.

Ele fez cara de enfado, acompanhando sua esposa que já demonstrava grande ansiedade em sair dali. Olhava com regularidade pela janela, como se buscasse alguma coisa mais interessante do que aquela conversa.

Ele foi rápido em sua resposta:

— Minha assistente virá procurá-lo para dar início à papelada, ok?

Levantou-se e, estendendo sua mão, já foi saindo sem muita demora.

Não sei o que se passou comigo, mas quando o cumprimentei, senti que havia algo estranho na energia que ele emitia. Talvez eu estivesse muito cansado naquele final de tarde, mas era muito estranho um executivo vir, pessoalmente, procurar nosso escritório se, na realidade, tinha uma assistente que cuidaria dos detalhes. Uma pessoa que movimenta a soma de dois milhões de dólares em uma empresa nos Estados Unidos, cuidaria pessoalmente deste tipo de assunto?

Estava acostumado a atender pessoas de todos os níveis, mas geralmente os peixões, como nós os chamávamos, vinham sempre por último e, geralmente, nós é que íamos ao escritório, residência ou hotel em que estavam hospedados. Eram raros os contatos iniciais com pessoas desse calibre financeiro.

Poderia ser coisa da minha cabeça, mas aquilo tudo não me soava bem.

Na manhã seguinte, recebi a ligação de um homem que se apresentou como assistente do senhor Gregório, solicitando a lista de documentos a serem providenciados.

Fiquei intrigado novamente. Não era uma assistente? Talvez eu estivesse equivocado. Pode ser que o senhor Gregório tivesse dito que era um assistente e, no cansaço do final de expediente, eu ouvira exatamente o contrário.

Passaram-se mais alguns dias até ser, mais uma vez,

contatado pelo tal assistente, dizendo que estava de posse de parte da documentação e que gostaria de marcar uma reunião para entregá-la. Agendamos um horário relativamente próximo do final do expediente.

Ele chegou com uma hora de atraso, dando de ombros para o fato. Tinha uma aparência um tanto sinistra e me passou a impressão de estar escondendo alguma coisa. Cumprimentou-me rapidamente dizendo o seu nome: Rafael. Em seguida, entregou-me a documentação e uma pequena caixa bem embalada, dizendo:

— O senhor Gregório pediu para entregar isso para o senhor. É um presente dele pelo seu empenho no processo.

Presente? Por que ele estaria me enviando um presente, se não fiz nada além de uma rápida reunião? Aliás, a política da empresa era muito clara em relação a presentes. A ética empresarial recomendava não aceitá-los e, caso a situação fosse muito embaraçosa com o cliente, receberíamos, mas encaminharíamos para a área de Recursos Humanos, que se encarregaria de enviar para uma instituição de caridade, como doação.

— Senhor Rafael, não existe a necessidade de presentes. É um prazer, além da minha responsabilidade, atendê-los.

Ele disparou:

— Bobagem! Abra logo e veja se você gosta. O senhor Gregório faz questão.

Confesso que achei uma atitude grosseira da parte dele, que se apresentava como um assistente, mas tinha maneiras de falar como se eu fosse um simples subordinado.

Percebi que a situação poderia ficar ainda mais delicada e abri o pacote. Surpresa! Era uma caneta de uma marca muito cara e, pelo brilho de metal, pareceu ser folheada a ouro.

Fiz menção de não aceitar e ele fez cara de poucos amigos. Levantou-se e despediu-se sem nenhuma formalidade, saindo rapidamente.

Em seguida, levei o mencionado presente para o departamento responsável e, na volta para minha sala, encontrei no corredor o doutor John que me convidou para um rápido café.

Durante nosso cafezinho, narrei rapidamente a ocorrência do caso Gregório e ele, muito calmamente, disse:

– Preste muita atenção na documentação e nas próximas conversas com esse cliente. Não podemos nunca, como advogados, ir contra nossa intuição. Faz parte de nossa formação, não é mesmo? Se a sua intuição não é lá muito boa, fique atento!

Na manhã seguinte, não demorou muito para a situação apresentar desdobramentos realmente impressionantes. Não tinha sequer aberto o envelope contendo os documentos que me foram entregues pelo assistente do senhor

Gregório, quando recebi um telefonema de um agente especial da polícia da Flórida querendo marcar uma reunião comigo. Disse-me que era emergencial. Agendamos para o mesmo dia, logo após o horário do almoço.

Desta vez, achei mais prudente incluir outro colega advogado para recebê-lo. Neste caso, seria muito bom ter uma pessoa com mais experiência e, ao mesmo tempo, seria uma testemunha do assunto, pois não sabia o que me esperava e nunca havia passado por uma situação como aquela.

No horário marcado, nossa recepcionista comunicou que estava presente o senhor Richard B. Achei melhor recebê-lo pessoalmente. Ele estava acompanhado de mais dois cavalheiros.

Fomos para a sala de reunião, onde se apresentaram formalmente com documentos e distintivos. Eram dois agentes especiais e um oficial da imigração.

Bob, meu colega, entrou em seguida na sala. Fiz as apresentações rapidamente sem perguntar se ele poderia estar presente ou não. Como nada disseram, iniciei o diálogo:

— Pois não? O que podemos fazer pelos senhores?

— Nosso intuito aqui é colhermos algumas informações a respeito de um cliente de seu escritório, adiantou-se o senhor Richard, que parecia ser o responsável por aquela operação.

– Detivemos os senhores Gregório, sua esposa, um funcionário chamado Rafael e outras pessoas que se dizem assistentes dele, acusados de praticarem o crime de tráfico de pessoas. Gostaríamos de saber que tipo de atividade eles têm com a sua empresa?

Eu pensei:

– Sabia que algo estava estranho naquele casal e no tal do assistente. Minha intuição não falhou!

Tomei a palavra:

– Senhor Richard, a pessoa ou pessoas em questão, nos visitaram buscando informações para o processo de aquisição de visto de trabalho. Em seguida narrei os detalhes da reunião com o senhor Gregório e sua esposa, incluindo as minúcias do encontro no dia seguinte com o tal funcionário Rafael. Detalhei sobre o envelope com os documentos e o presente que já havia sido entregue para o departamento competente de minha empresa.

O agente apresentou-nos o mandado solicitando os documentos entregues por eles, conforme informação que o próprio Gregório havia repassado.

Ao mesmo tempo em que eu entregava o envelope, Bob foi buscar a caneta no RH. Enquanto isso, eu pensava com os meus botões em um velho ditado brasileiro: "Quanto mais eu rezo, mais assombração me aparece..."

Era outro caso bombástico. Parece que eu já estava me

tornando especialista em descascar abacaxis, pois os meus colegas só costumavam pegar os filés.

Estava metido em outro caso confuso. Que coisa desagradável! Teria que evitar qualquer ligação de nossa companhia com Gregório e sua trupe.

Quando Bob voltou para a sala, retomei o diálogo:

— Parece que a situação é bastante grave. Entretanto, desconhecíamos por completo suas reais atividades. De qualquer forma, nos colocamos à disposição para outros esclarecimentos que se fizerem necessários. Não gostaríamos, e agora falo em nome da empresa, que isso se transformasse em matéria pública. Não temos interesse em nenhum tipo de propaganda negativa, nos ligando ao tráfico de pessoas, e nem tampouco que venham a denegrir nosso trabalho pela questão de confidencialidade.

— Não se preocupe, doutor Francisco, disse o senhor Richard. Já tínhamos as informações necessárias dos envolvidos em relação ao seu escritório. A idoneidade que vocês conquistaram no mercado quanto à ética nos processos é muito conhecida. Não haverá problema algum.

De fato, não fomos mencionados quando a situação veio à tona, mas os jornais noticiaram que a operação era de grande porte, onde os envolvidos haviam movimentado milhões com o tráfico de jovens para prostituição, drogas e outros crimes menores.

Eles tinham uma estrutura de fachada no Brasil e nos Estados Unidos. Encantavam jovens, rapazes e moças, com a falsa ideia de sucesso em passarelas, como modelos para fotos e filmes comerciais. Conseguiam atraí-los e trazê-los para os Estados Unidos. Porém quando chegavam aqui tomavam-lhes os passaportes, usando algum tipo de pretexto como regularização da documentação de trabalho. Em seguida, submetia-os ao trabalho escravo e a viciação em drogas pesadas e, depois de criada a dependência, eram levados à prostituição, sendo que muitos eram exportados para outros países. As situações descritas eram de horror, causando-me indignação profunda. Não conseguia imaginar como estas coisas podiam acontecer, como era possível tamanha frieza e brutalidade; pessoas tratando outros seres humanos como se fossem simples mercadorias.

Passados mais alguns dias, lemos nos jornais os detalhes da operação. No fundo, fiquei satisfeito com o desfecho, porque esse tipo de gente estava agora no lugar adequado. Desapropriados de suas posses, conquistadas com a exploração e escravidão alheia. Estavam agora como animais ferozes, devidamente enjaulados.... Confesso que meus instintos vieram à tona e me surpreendi com meus próprios pensamentos porque me deixei levar pela emoção, e pensei em voz alta:

– Gente assim não merece apenas ficar presa, deveriam

ser todos fuzilados. Nesse exato momento, doutor John entrara em minha sala e, notando sobre o que eu lia nos jornais, falou rapidamente:

— Não deixe que as emoções tomem conta do seu equilíbrio. Quem você gostaria de fuzilar?

Incrível a minha sintonia com ele! Tinha a impressão que ele lia os meus pensamentos e decifrava as minhas emoções. Realmente cheguei a pensar que se essa história de reencarnação for verdadeira, esse homem deve ter sido meu pai em outra existência...

Proposta

Meu trabalho ia muito bem. Já havia recebido mais um aumento salarial e agora também recebia uma pequena participação financeira nos resultados positivos, obtidos através dos clientes atendidos por mim.

Foi quando, em um belo final de tarde, o doutor John passou pela minha sala e perguntou se podia entrar e sentar-se um pouco.

Claro que sempre era uma satisfação conversar com ele, não porque fosse o presidente da companhia, mas sim pela consideração que eu tinha por sua pessoa. Podia sentir que a recíproca era verdadeira.

Perguntou-me:

– Como vão as coisas, Francisco? Tudo bem com você, Jennifer, enfim, com sua vida?

– Doutor, acredito que não poderia estar melhor. Depois da universidade, da aprovação no exame e do Green Card, parece que um novo sopro de vida me envolveu. Pode ser meramente psicológico, que eu esteja apenas trabalhando minha autoestima, mas posso garantir que está funcionando.

Ele sorriu satisfeito e foi direto, como sempre:

– Sabe Francisco, sempre tive um *feeling* em relação às pessoas e graças a Deus, costumo reconhecer gente de talento em pouco tempo. Estive pensando em você e gostaria de fazer uma proposta, pode ser?

Confesso que fiquei surpreso e procurei manter a minha ansiedade sobre controle. Que proposta ele teria para mim? Bem, apenas assenti com a cabeça e ele continuou:

– Eu já tomei essa atitude outras vezes, com outros profissionais que se destacaram, assim como você. Por isso, quero fazer a mesma proposta, que é a montagem de um escritório em separado, onde a companhia ficaria com uma participação pequena e você como sócio majoritário. A firma entra com o capital necessário para as despesas iniciais e você, com o seu trabalho, integralmente dedicado ao novo escritório. Para a firma esse é um excelente investimento, pois sei que em pouco tempo terei um ótimo retorno, além de poder diversificar os tipos de atendimento que fazemos. Por outro lado, existe uma gratificação pessoal muito intensa quando participo diretamente da transformação de um funcionário brilhante em empresário de sucesso que, por sua vez, poderá multiplicar suas conquistas ofertando empregos e oportunidades para tantas outras pessoas.

— Não é esse o conceito básico de um cristão? Fazer ao próximo o que gostaríamos que ele nos fizesse?

Novamente, fiz uma força enorme para não cair no choro e não parecer um bebê chorão na frente daquele homem. Pensei na sorte imensa que eu tive por ter cruzado o caminho dessa criatura! Que pessoa era aquela que pensava não somente no seu sucesso pessoal, mas procurava dar esperanças e oportunidades também para os outros?

Dizem que anjos não existem. Não sei, mas naquele instante doutor John apresentava-se como um verdadeiro anjo para mim. Não tinha a menor dúvida de que ele havia sido enviado por meu pai e pelo senhor Roberto, como meu anjo protetor.

Procurei me recompor e falei:

— Doutor John, não tenho palavras para agradecê-lo. Posso garantir que jamais irá se arrepender por essa atitude. Ao contrário, farei o possível e o impossível para que esse escritório seja o seu melhor investimento!!!!

Doutor John, sempre bem humorado, levantou-se, estendeu sua mão para me cumprimentar e disse, em tom de brincadeira:

— Se você não tem palavras, então, não me agradeça.

Saiu da sala e, depois de cumprimentá-lo, confesso que fiz uma força enorme para não beijar-lhe a mão e de repente, não parecer piegas ou querer fazer uma média, coisa que eu nunca fui muito favorável.

Sempre pensei que educação, polidez e ética cabem em qualquer lugar, aliadas a competência em procurar fazer o melhor. Logo, sempre achei desnecessário fazer média, apesar de ouvir que o mundo é político, o que eu concordo. Mas média para mim é politicagem, bajulação, se é que posso me expressar assim. Cada um tem o direito de agir conforme sua consciência. Além do que, gosto não se discute, lamenta-se...

No entanto, minha cabeça continuava dentro de um turbilhão!!!

— Meu Deus, teria meu próprio escritório e Jennifer também poderia trabalhar comigo, se quisesse, já que na empresa de seu tio atuava muito na área de imigração.

Vi, então, que uma chance de ouro se desenhava na minha frente e, com certeza, eu iria agarrá-la e fazer de tudo para ser bem-sucedido.

Começo difícil

Sempre fui um tanto ansioso nas realizações profissionais. Se havia uma oferta para um escritório praticamente meu, com o apoio do doutor John, achei melhor começar a buscar um local que não tivesse um preço exorbitante, mas, ao mesmo tempo, que fosse bem localizado e com instalações adequadas para não parecer uma "espelunca". Precisa ser um local com uma boa aparência, para atrair clientes também de bom nível.

Encontrei um conjunto comercial em um edifício novo, não muito distante do escritório em que eu trabalhava. Tinha espaço suficiente para recepção, sala de reunião e duas salas de trabalho, e o melhor de tudo é que o valor do aluguel era excelente.

Tratei de toda a documentação e assinei o contrato, depois de endossado pelo doutor John, que gostou muito do ambiente, incentivando, como sempre, minhas escolhas.

Em poucas semanas mudei-me para o local, depois de desligar-me oficialmente da empresa para a qual trabalhava.

Jennifer adorou o local e de imediato fiz a proposta para trabalharmos juntos. Ela aceitou e pediu um tempo para terminar os casos pendentes que tinha no escritório de seu tio, para então se transferir.

Achei ótimo e comecei a trabalhar oferecendo meus serviços, contatando os conhecidos, os amigos da faculdade e professores. Naturalmente, como todo negócio que se inicia, parte do dia ficava sem atividade específica. Então, resolvi visitar empresas de grande porte para poder abrir portas no menor espaço de tempo possível.

Conheci um bom profissional de marketing, que preparou material bem adequado, pedi ao doutor John que me indicasse para algumas companhias e, com os contatos iniciais, eu solicitaria mais indicações.

Naturalmente, por quase um ano passamos por enormes dificuldades. Eram poucos os casos que conseguíamos atender.

Jennifer, quando se transferiu para nosso escritório, já tinha uma situação financeira tranquila, até porque, seus pais não a deixariam sem o suporte necessário.

Sua mãe, para variar, não gostou de sua atitude de sair da empresa do tio para trabalhar comigo.

Certo dia, Jennifer falou sobre uma conversa rápida que tivera com dona Caroline:

— Onde já se viu Jennifer? Você, uma moça de família nobre, trabalhando com seu tio, meu irmão, deixar tudo para ir se aventurar com o seu namoradinho...

— Ora, mamãe. Eu tenho direito em fazer minhas escolhas. Não estou em aventura alguma, estou também criando o meu espaço. Fique tranquila, não se preocupe tanto assim.

Claro que ela disse que dona Caroline ficou com um bico que mais parecia com uma tromba de elefante, de tão contrariada.

Mas se a situação de Jennifer era confortável, para mim a vida era diferente. Toda a minha pequena poupança estava indo embora. A maior parte das despesas do escritório, apesar da participação em sociedade com o doutor John, ficava para mim.

Jennifer já havia oferecido ajuda. Não pude aceitar, pois não queria deixá-la em situação delicada diante de seus pais. Não porque eu fosse orgulhoso, realmente poderia ter todos os defeitos, mas esse, pelo menos, não estava na lista. Aliás, um dia, um amigo disse, brincando:

— Uma coisa que pobre não pode ser é orgulhoso. Se for, é o máximo da estupidez!

Concordava em gênero, número e grau, mas era necessário fazer o escritório render o suficiente para fazer frente às despesas etc.

Jennifer não reclamava. Ao contrário, começou a pegar indicações de seu pai, com quem eu já tinha um ótimo relacionamento. Ele não deixava se influenciar pela esposa.

Dizia sempre que o começo de um negócio é difícil, salvo se herdássemos uma empresa, o que também não deixaria de requisitar muito esforço no processo de administração.

Meu primeiro cliente surgiu por indicação de um diretor de uma grande companhia. Havia feito contato oferecendo os serviços de meu escritório.

Seu nome era Thiago H., sujeito de meia-idade, bem--educado, de nacionalidade argentina.

Tinha uma formação sólida e uma empresa de tecnologia, voltada especificamente para o setor imobiliário em Buenos Aires e abrira uma filial nos Estados Unidos.

Estava um tanto inconformado com a atitude do Departamento de Imigração Americano que já havia negado duas vezes o visto de trabalho para um gerente que era especialista nesse ramo e trabalhava em sua empresa em Buenos Aires há mais de 5 anos. Ele pretendia trazer o rapaz para os Estados Unidos para ajudá-lo a deslanchar a filial aqui.

Ele precisava de um profissional técnico que desse foco no desenvolvimento das atividades da sucursal americana e que fosse a ponte de ligação com a matriz, além de treinar os novos funcionários que seriam contratados à medida que o negócio fosse crescendo.

A alegação do Departamento de Imigração era que a empresa estava no seu começo e não produzia o suficiente para trazer um gerente de outro país. A empresa deveria contratar alguém do local.

Ele disse:

– É um verdadeiro absurdo uma coisa dessas. Como posso ampliar a filial aqui se não posso trazer pessoal especializado? Não consigo contratar ninguém aqui nos Estados Unidos que atenda as necessidades da empresa, pois não pode ser uma pessoa que conheça de tecnologia simplesmente. Essa pessoa precisa estar capacitada para entender como funciona o produto que desenvolvemos lá na Argentina. Se eu contratar alguém aqui terei que investir muito mais dinheiro e tempo na capacitação dessa pessoa, o que não tenho a menor condição de fazer. O funcionário que necessito transferir para cá trabalha comigo há mais de 5 anos e conhece absolutamente tudo a respeito desse sistema, então não posso aceitar esse tipo de negativa. O advogado anterior, que estava cuidando do caso, disse que não havia nada que pudesse ser feito a respeito. Entretanto, como eu não me conformei com a resposta, resolvi buscar uma segunda opinião, e foi aí que recebi a indicação do seu nome.

E ele continuou:

– Será que a pessoa que analisou o caso não conhece a história de inúmeras empresas americanas muito bem-sucedidas? Uma quantidade enorme de empresas de tecnologia aqui, começaram suas atividades praticamente na garagem de casa, outras tantas iniciaram seus primeiros projetos dentro de universidades e assim vai.

O senhor Thiago estava indignado com a maneira como foi tratado seu caso, e continuou:

– Enviei extratos de contas bancárias, entre uma tonelada de papéis, porque parece que eles adoram papéis e burocracia. Ou então têm um monstro comedor de processos, o qual precisam alimentar. A resposta foi que a empresa é pequena, que não possui um saldo no banco muito alto etc.

Esperei que ele desse uma pausa para poder dizer alguma coisa:

– Senhor Thiago, entendo perfeitamente toda a sua indignação. Porém, nestes casos, a análise feita é semelhante a uma análise na concessão de um crédito, o que de fato não deixa de ser uma verdade, como se fosse um "crédito de ordem moral". O ponto é que uma empresa pequena, no início de suas atividades, realmente tem muitas dificuldades e pode, inclusive, vir a fechar as portas antes de completar três anos de vida. A principal preocupação é a de que ela contraia débitos com outras companhias e que não consiga honrá-los, inclusive, com o pagamento dos salários de seus funcionários.

Ele, então, rebateu:

— Faz sentido, porém se tenho uma matriz sólida, rentável e idônea, eles poderiam ter algum processo onde seria feito um depósito inicial em garantia, já que o medo é de inadimplência. O que não dá para entender é o fato de acharem que a filial da empresa comece suas atividades aqui com resultados maiores do que o da própria matriz. Procurei o senhor, doutor Francisco, porque recebi boas referências. Disseram-me que seus processos têm resultados sempre favoráveis.

— A base, senhor Thiago, está em entregarmos todos os documentos cabíveis e também demonstrarmos a solidez de sua empresa, sem qualquer tipo de arranjo. Mostrar a realidade e, sugiro que o senhor capitalize sua companhia aqui nos Estados Unidos. Entenda, a matriz é sólida, porém fica em Buenos Aires. Mas o mais importante é que a filial americana tenha faturamento próprio; instalações condizentes com a sua atividade e, principalmente, clientes demandando serviços para que possa se firmar por aqui, demonstrando solidez e garantindo que não seja apenas uma empresa de fachada.

— Analisemos com a cabeça do oficial da imigração. O senhor tem sócios?

– Sim, tenho dois!

– Muito bem. Quem garante que seus sócios concordam em efetuarem remessa de divisas, caso a filial aqui não vá bem? Sempre é uma incógnita. Como os funcionários e os credores receberão aquilo que tem por direito da matriz em outro país? O senhor compreende? Eu sugiro que recomecemos o processo, mas vamos analisar cuidadosamente primeiro as questões financeiras. O senhor e seus sócios estão dispostos a investir na filial americana, não estão?

– Sim. Temos ótimas perspectivas com o mercado imobiliário aqui. Nossos produtos e serviços vão auxiliar bastante as empresas, não só construtoras como também todas que estejam envolvidas com esse ramo. Resolvemos montar uma filial aqui em virtude dos nossos clientes na Argentina terem muitos negócios em outros países, principalmente nos Estados Unidos.

– Então, comecemos por capitalizar a filial de maneira que as despesas relativas a dois anos de atividades estejam cobertas, com certa folga, considerando aqui os custos administrativos, funcionários, fornecedores etc. O senhor concorda?

– Claro. Queremos participar deste mercado.

– Muito bem. Primeiro vamos demonstrar as boas intenções e a seriedade de sua empresa, assim como a demanda dos clientes pelos seus serviços. Somente depois disso recorreremos da decisão do pedido de transferência do funcionário, munidos de todos os documentos necessários. Acredito que teremos condições de solicitar o visto de trabalho para o gerente em questão dentro de 4 a 6 meses. Está bem assim para o senhor?

O senhor Thiago assentiu com a cabeça, então complementei:

– Lembre-se que primeiro demonstramos que sua companhia não vem para ficar somente alguns meses; segundo, que vocês não são caçadores de visto. Desculpe os termos, mas tenho encontrado de tudo por aí, de compra de casamento com americanos a arranjos dentro de empresas que demonstram solidez na base do faz-de-conta e assim por diante...

– Entendo, doutor Francisco, entendo...

– É natural, senhor Thiago, que alguns oficiais pareçam ter uma única intenção: negar! Mais ou menos do tipo "nego para ver o que acontece". O que não me parece uma atitude adequada, porque em algumas oportunidades dá-se a impressão que alguns querem exercer um poder demasiado. Isso não demonstra seriedade no trabalho, só excesso de cautela ou cautela desnecessária, o que no fundo é pura falta de bom senso. Claro que não se pode passar todos por uma única peneira. É necessário analisar mais cuidadosamente, não acha?

– Concordo plenamente. Entendo até que todos tenham uma responsabilidade gigantesca e que um erro pode, de fato, comprometer não o emprego do cidadão, mas também a segurança de uma sociedade, seja ela da dimensão que for.

– Pois é. Mas às vezes, como advogado, percebo que existem exageros na atitude de alguns. Parecem não gostar que estrangeiros venham para cá. Mas se formos ao fundo da questão, muitos são os estrangeiros que migraram para cá e auxiliaram no crescimento desta grande nação. Se não foram diretamente responsáveis, seus filhos e filhas fizeram a diferença em relação ao desenvolvimento, seja ele social, tecnológico, e assim por diante.

Percebi que minha argumentação o acalmava e o deixava mais confiante. Sem me orgulhar do fato, notei que estava ficando bom nisso.

Não passou muito tempo e reencaminhamos o processo solicitando o visto de trabalho para o gerente que o senhor Thiago queria trazer de Buenos Aires.

Enviamos farta documentação, além das contas bancárias, movimento do faturamento, investimento adequado às despesas da filial aqui nos Estados Unidos e, junto com Jennifer, fiz uma robusta argumentação, com a solidez e seriedade que a empresa demonstrava com seus resultados na Argentina e sua proposta na filial.

Não se passaram 20 dias para que recebêssemos a aprovação do processo, para a alegria de nosso cliente e nossa pessoal.

Percebia que aos poucos, apesar de muito trabalho, dado o cuidado que tínhamos em preparar toda a documentação, não encontrávamos dificuldade na aprovação dos processos por parte do Departamento de Imigração.

Começamos a ficar conhecidos pela competência e as contas começaram a ser pagas com maior facilidade. O lucro dava provas de nosso trabalho sério e persistente.

Não entrávamos em processos que não estivessem baseados em nossa maneira de trabalhar e ser. Acima do lucro, a ética. Nunca me arrependi com essa postura que adotei na vida.

Novos clientes

N ão tardou para recebermos mais clientes. O melhor marketing sempre será o trabalho sério e com resultados. O famoso boca a boca começou a funcionar e as indicações surgiam em uma velocidade bastante favorável.

Em pouco tempo, eu e Jennifer estávamos assoberbados de tanto trabalho. Já falávamos na possibilidade de ampliarmos o escritório e contratarmos um funcionário.

Nesse ínterim, atendi um caso bem peculiar, não pela natureza do negócio, mas sim pelo argumento que o oficial do Departamento de Imigração havia usado para negar o pedido.

A pessoa em questão havia sido indicação do senhor Thiago. Uma empresa em situação muito semelhante a dele. Também era da área de tecnologia, especificamente no desenvolvimento de softwares para a indústria financeira.

Apresentou-se com muita simplicidade, disse que seu nome era Rodrigo. Relatou seu caso dizendo que, tal qual seu amigo, estava implementando uma filial de sua empresa aqui nos Estados Unidos e que não estava gostando da forma como seu processo havia sido conduzido até agora. Já havia recebido duas negativas para seu visto de trabalho. A primeira teve como justificativa o fato de ser uma empresa em início de atividade, além de ter sido apresentado um plano de negócios considerado inadequado.

Quanto ao plano de negócios, ele realmente entendia que havia recebido uma orientação ruim em sua elaboração, e que esta havia deixado muito a desejar, portanto, fazia todo sentido o oficial ter recusado a solicitação.

Ele não queria comentar o fato em si porque não tinha por hábito denegrir a imagem de um profissional para outro. O que ele realmente precisava era do visto para dar continuidade aos seus negócios junto aos clientes com os quais já mantinha negócios no Brasil e nos Estados Unidos.

O problema é que a segunda solicitação havia sido recusada não mais por falta de documentos ou suporte financeiro necessário ou ainda falta de funcionários americanos, pois já os havia contratado e já estavam trabalhando na filial, nem mesmo pelo plano de negócio, mas sim, por uma razão que parecia ser totalmente descabida. A recusa estava baseada no fato de que uma empresa de tecnologia não poderia trabalhar apenas com laptops. Nas fotos apresentadas para mostrar as instalações da empresa, apareciam muitos laptops sobre as mesas dos funcionários e praticamente nenhum desktop. E foi esse o motivo que, no seu modo de ver, beirava o absurdo. Ele é um profissional da área de tecnologia há mais de 30 anos.

Concordo que também achei aquilo um pouco estranho, mas dei prosseguimento a reunião. Perguntei se ele havia ficado com cópia completa de tudo que foi enviado no processo e expliquei que o melhor seria que eu fizesse uma revisão desses documentos para entender melhor que tipo de interpretação pode ter sido dada ao caso. Falei com ele sobre a eventual necessidade de termos que refazer todo o processo, para melhor detalhamento. Isso não teria custo adicional, pois grande parte dos documentos provavelmente poderia ser reutilizada. Fiz questão de conhecer as instalações do meu possível futuro cliente, então, propus uma nova reunião, na empresa dele, para que eu pudesse verificar os documentos.

No dia marcado, cheguei um pouco mais cedo, pois como sempre tive uma veia um tanto investigativa, isso nunca pude negar, queria checar alguns detalhes como, por exemplo, o tipo de edifício onde a empresa estava instalada. Fingi que estava perdido e perguntei a uma pessoa que trabalhava em outra empresa, no mesmo andar do Sr.

Rodrigo, se ela sabia sobre uma companhia de tecnologia que havia se instalado naquele prédio há pouco tempo. Felizmente, recebi informações bastante satisfatórias para uma primeira abordagem. A pessoa me indicou onde ficava a sala da empresa e acrescentou que conhecia algumas das pessoas que trabalham, pois as vê sempre na hora da chegada ou na saída. Falou-me que era uma empresa de tecnologia cuja matriz ficava no Brasil e que aqui trabalhavam para vários clientes americanos. Bem, sem dúvida, pensei comigo mesmo, parece ser uma empresa que veio para ficar e fazer negócios na sua nova filial.

Fui recebido por uma simpática assistente do senhor Rodrigo em instalações simples, porém de muito bom gosto.

Vi uma movimentação de oito funcionários trabalhando em suas mesas, Todos com laptops, telefones normais e seus inseparáveis celulares.

Não estranhei o fato porque os recursos que utilizavam também eram os mesmos dos quais eu me servia. Laptop era, sem dúvida, o sinônimo de levar trabalho para casa, mas fazer o quê? Início de negócio exige muita dedicação, e eu estava bem consciente a este respeito.

O senhor Rodrigo me aguardava em uma pequena, mas confortável sala de reunião. Saudou-me no bom português abrasileirado, com o famoso: "Tudo bem, doutor"?

Respondi:

– Tudo bem e o senhor, como tem passado?

– Por favor, não é necessário usar de formalidade comigo. Afinal somos quase da mesma idade, pelo que percebo, e se você não se importar, posso chamá-lo apenas de Francisco?

– Com muito prazer senhor, digo, Rodrigo. Não existe nenhum problema.

A conversa foi um pouco mais longa, pois quis verificar toda a documentação, solicitar informações para a montagem do processo, e analisar as negativas apresentadas.

Depois de duas horas focados nessa atividade, despedi-me bem animado e fui naquele dia direto para casa, depois de falar com Jennifer ao telefone sobre o novo cliente.

Em uma semana, preparei o processo todo e reenviei. Tomei o cuidado de checar antes com grandes companhias americanas, o volume de vendas de laptop para empresas e mesmo sua utilização com seus próprios funcionários.

Os números me surpreenderam, pois em mais de uma delas, as vendas para o segmento corporativo chegava a ser de mais de 60% da produção total de computadores. Grandes organizações estavam utilizando laptops de maneira regular. Desktops ocupavam espaço e não permitiam mobilidade. Realmente achei tudo muito razoável. Pedi a comprovação destes números e da quantidade de vendas.

Números estes de conhecimento da mídia por divulgação das próprias empresas.

Enviei o processo completo, mas mantive as fotos das instalações e anexei cartas e relatórios que recebi das empresas consultadas.

Não demorou muito para Jennifer atender uma ligação do Departamento de Imigração. Tratava-se de um oficial de nome J. que se apresentou muito polidamente, indo direto ao assunto.

– Doutor Francisco, bom dia, sou J., do Departamento de Imigração dos Estados Unidos e tenho aqui um processo que nosso departamento já recusou duas vezes. Recebi mais uma solicitação por intermédio de seu escritório.

– A última recusa foi em virtude das instalações não corresponderem ao que se espera de uma empresa de tecnologia. O que o senhor tem a me dizer?

– Iniciei agradecendo sua ligação e seu tempo, indo também direto a resposta do seu questionamento.

-Senhor J., respeito muito o seu trabalho e de seus colegas, e tenho certeza de que se utilizam de uma análise criteriosa de todos os casos. Acredito que deva ser comum, por parte dos senhores, buscarem a orientação de profissionais gabaritados e experientes em áreas de mais especificidade, correto? Bem, o fato é que, a negativa dada ao caso de meu cliente, através de outro escritório de advocacia, utilizou como argumento central uma alegação inadequada, ou seja, o principal fator de embasamento da negativa foi o fato da empresa, uma companhia de tecnologia, utilizar muitos laptops e não computadores de maior porte. Contudo, conforme o senhor poderá constatar no anexo de número 22, que é um dos últimos do processo, efetuamos um levantamento que mostra que atualmente a maioria das companhias de tecnologia direcionam para os seus próprios funcionários e também para os seus clientes corporativos, laptops como principal ferramenta de trabalho, não mais o desktop, não só por esses últimos não permitirem mobilidade do profissional, o que é fundamental nos dias de hoje, mas também pela condição de espaço. Hoje, os laptops possuem a mesma capacitação e configuração dos equipamentos de maior tamanho.

Tomei fôlego e continuei:

— Portanto, solicito que os documentos ora apresentados sejam avaliados com base nessa justificativa, dado que esse é o novo critério, altamente utilizado por todas as empresas desse ramo de atividade.

Após alguns segundos de silêncio absoluto, o oficial falou em um tom bastante pausado, porém demonstrando muita segurança:

— De fato, doutor Francisco, já havia analisado tais documentos. Porém, queria me certificar, falando diretamente com o senhor, de que a argumentação estava bem fundamentada, assim como ter certeza de que seu escritório acompanhou de perto e que realmente checou a metodologia de trabalho do seu cliente.

Não me disse mais nada, senão um muito obrigado e despediu-se formalmente.

Honestamente pensei com os meus botões: acho que essa não vai dar. Esse visto não sai.

Enganei-me, porque em dois dias o dito estava aprovado!

Novos compromissos

Os momentos mais difíceis foram ficando para trás, à medida que desenvolvíamos o nosso trabalho com competência e seriedade. Como é normal na maioria das pequenas empresas que iniciam suas atividades com um capital pequeno, o nível de cobranças e exigências é absurdamente pesado, pois faz-se necessário obter resultados e a autossuficiência rapidamente.

No começo das atividades, lembro-me que cuidávamos pessoalmente até da faxina do escritório, porque, dessa forma, a economia mensal que fazíamos ajudava-nos no pagamento do aluguel das salas e outras despesas.

Mas a realidade foi se alterando gradativamente e, com o aumento do faturamento, resolvemos contratar profissionais. Com a demanda dos clientes crescendo, estávamos diante de um novo e bom problema: precisávamos ampliar nossas instalações!

No que dizia respeito as minhas instalações pessoais, também tive condições de mudar para um apartamento mais confortável, que foi mobiliado com muito bom gosto pela Jennifer.

Imagine! Já estava até me dando ao luxo de viajar em alguns finais de semana. Nada dispendioso, mas os ventos sopravam favoravelmente.

Pouco tempo depois, conseguimos alugar um andar inteiro no mesmo edifício onde estávamos instalados, o que facilitou imensamente nossa mudança. O doutor John só veio nos visitar depois que tudo estava pronto. Peguei-me perguntando o porquê dessa atitude Mas ele dava mostras que continuava lendo meus pensamentos.

Ele passeou pelo nosso novo escritório observando cada detalhe, sempre com um sorriso no rosto. Quando nos sentamos em uma das salas de reunião, finalmente falou:

— Você deve estar pensando por que não apareci antes, não é?

— Sim, Senhor! É verdade...

— É muito simples. É porque não queria interferir em nada do que vocês haviam planejado. Confesso que estou muito surpreso com o bom gosto dos dois. Existe um toque feminino que Jennifer soube colocar em muitos detalhes, e em todos os ambientes, que deixou o escritório com um ar muito elegante, atenuando bem a frieza que costuma ser um escritório de advocacia, sem abrir mão do profissionalismo.

– Doutor John, o senhor sabe muito bem que não atrapalharia em nada, muito pelo contrário. – disse Jennifer, simpaticamente.

– Sei que poderia não atrapalhar, mas tinha certeza que, pela confiança que sempre depositei no trabalho do Francisco e, mais recentemente no seu, vocês fariam o melhor até com as instalações. Mas vamos aos negócios – disse ele entusiasticamente – tempo é dinheiro e vocês vão precisar trabalhar mais para pagar esse luxo todo! – completou sorrindo alegremente.

– A propósito, falando em negócios, gostaria de comunicar-lhes que vou me retirar de nossa sociedade. Vocês já cresceram o suficiente e não vão mais precisar de mim. A parte do investimento e receitas que me cabem, vou abrir mão em favor da empresa, para que vocês continuem investindo.

Meu coração acelerou, quase querendo sair pela boca. Tive que respirar fundo para me recuperar de tamanha surpresa que as palavras dele me causaram. Então disse em seguida:

– Mas, doutor John, o senhor não precisa tomar essa atitude. As coisas vão indo bem e começamos a fazer uma receita mais considerável. Não podemos permitir que o senhor saia da sociedade sem receber a parte que lhe é de direito, pois isso seria injusto, por tudo que já recebemos de apoio.

– Francisco, não se trata de injustiça. Considere um prêmio de reconhecimento pela vitória, sua e de Jennifer. Vocês sabem que podem caminhar sozinhos. Talvez minha participação possa ter parecido o porto seguro, mas o esforço e o foco que vocês têm, foi o suficiente para chegar até aqui e seguirem adiante vitoriosos.

Eu quis uma tréplica, mas ele não permitiu.

Eu e Jennifer o abraçamos e, da minha parte, sentia que poderia estar abraçando o meu próprio pai, tamanha a ternura que senti quando os seus braços também me envolveram. Desnecessário dizer que nós três estávamos bastante emocionados.

Aquele americano que um dia havia aberto a porta da própria casa para mim, abrira também as portas do seu coração.

Os dias passaram rápidos e com o volume de trabalho sempre aumentando, comecei a pensar nas questões relativas à minha própria vida, no meu relacionamento com Jennifer, que já durava dois anos, e o que eu pretendia para nosso futuro.

Porque não pedi-la em casamento, se nossos interesses

caminhavam na mesma direção e o nosso relacionamento estava baseado em profundo respeito e amor?

Pensando desta maneira, depois de uma visita a um cliente, fui a uma boa joalheria escolher um lindo anel de brilhantes, pois já havia me decidido que a pediria em casamento.

O preço era relativamente salgado e teria que pagar em prestações. Mas existe preço para momentos de felicidade?

Sempre acreditei que a felicidade nunca foi um pacote pronto, que outra pessoa pudesse nos entregar. Felicidade, sempre foi para mim, uma construção individual, sem res-ponsabilidades ou participação de terceiros.

Tinha por hábito reter os momentos mais simples e fe-lizes, procurando esticá-los ao máximo. Rir mais de uma vez com a mesma história ou a mesma piada; recordar os momentos alegres em muitas oportunidades. Isso sempre me fez muito bem, até mesmo aqueles instantes onde eu era o protagonista da chamada "bola-fora". Isto costumava me divertir muito.

Dizem que no mundo tem louco para tudo. Então, po-deria dizer que minha loucura era ser feliz. Esse é o tipo de doença que eu jamais gostaria de achar a cura.

Cheguei ao escritório com a impossibilidade de escon-der de Jennifer a minha alegria. Era possível ver nos meus olhos minha satisfação, e ela imediatamente perguntou:

— Francisco, o que foi? Ganhou no *Power Ball* por acaso?

— Quase, minha querida, quase.

— Diga logo o que está acontecendo!

— É que eu atirei no que vi e acertei no que não vi! O cliente que fui visitar mencionou a possibilidade de indicar nosso escritório para um banco multinacional, onde nossas atividades poderão ser ampliadas também em outras áreas.

Claro que era meia verdade. O cliente em questão havia mencionado algo parecido, mas a minha alegria era o fato de ter comprado o anel. Não o anel em si, mas tudo aquilo que ele poderia representar em um futuro muito próximo.

Ela exultou, abraçando-me e beijando-me carinhosamente.

— Jennifer, se os funcionários virem, o que eles vão pensar? Disse sorrindo.

— Que nós nos amamos, seu tolinho...

Não demorou muito para eu arrumar um pretexto de uma viagem para Nova York, combinando com o doutor John a peripécia toda. Este, quando soube do que se tratava, ficou empolgadíssimo. Diria que estávamos em contato com aquele grande banco e, como o Doutor John conhecia uma pessoa que poderia nos ajudar no início das tratativas, iríamos juntos para a *Big Apple*, para iniciarmos os contatos.

Na realidade, estávamos preparando uma surpresa para Jennifer. Tínhamos tudo arranjado, as passagens, estadia e reservas para que eu pudesse fazer o pedido formal de casamento. O doutor John desistiria da viagem no dia anterior e insistiria para que Jennifer fosse em seu lugar. Ele arranjaria tudo com o seu contato.

Como a reunião estava marcada para uma segunda-feira, poderíamos aproveitar o fim de semana na cidade. Jennifer aceitou as mudanças de planos sem desconfianças, pois o doutor John foi muito convincente.

Viajamos no sábado pela manhã e depois de nos instalarmos em um hotel confortável, saímos para um passeio. Já havia feito a reserva para jantarmos em um restaurante bastante badalado da cidade.

Claro que o doutor John estava por trás disso. Não só na indicação do restaurante, como também fizera questão de pagar a conta.

Jennifer estranhou o local, pois sabia de seus preços.

Apesar de sua família estar financeiramente bem posicionada, ela vivia com seus próprios recursos e questionou:

— Você não acha um pouco exagerado esse local? Sei que costuma ter um preço muito acima do razoável.

— Você quer dizer caro? Nem tanto. E nós nunca fomos exagerados em nada. Às vezes podemos nos dar esse direito, não?

O jantar foi simplesmente divino. No final, servida a sobremesa, me preparei para o grande momento. Me posicionei próximo dela abrindo a caixa do lindo anel. Mas, por causa do nervosismo, fiz de forma tão rápida, que quando comecei a fazer o pedido, vi o anel caindo em cima da torta de merengue que ela havia pedido.

Apesar de ser um contumaz desastrado, não perdi a oportunidade para dizer, meio sem graça e totalmente nervoso:

— Me perdoe, era para ser especial...

Com os olhos marejados, ela me olhou dizendo:

- Meu querido, não poderia ter sido mais especial...

Retirei o anel com cuidado e para que não causasse mais desastres, ajoelhei-me ao lado dela, bem ao estilo cavalheiro. Ao me ajoelhar, refletia rapidamente que aquele gesto era um ato de minha rendição. Rendia-me aos encantos daquela mulher que havia me conquistado com o seu amor e carinho.

Olhando em seus olhos perguntei:

— Jennifer você aceita casar comigo? Sou um tanto desastrado, mas você sabe que eu te amo...

— Sim, senhor desastrado, eu aceito!

Os excluídos

Nosso escritório crescia consideravelmente. O faturamento mensal quase sempre superava as expectativas, por vezes em mais de 30 ou 40%.

Resolvemos rever números, inclusive quantidade de funcionários. A necessidade de ampliação mostrava-se emergencial.

Não ficamos restritos somente ao setor de imigração. Nos voltamos para outras áreas do direito, e estávamos indo tão bem quanto a nossa especialização. Era óbvio que o trabalho para imigração gerava indicações para outras atividades e, dessa forma, começamos um forte investimento em profissionais qualificados.

Este tipo de estratégia mostrava-se correta. Não acreditávamos na história de profissionais que são bons em todas as atividades, o tipo "faz-tudo". Acreditei sempre em um velho ditado brasileiro: "Cada macaco no seu galho". Especialização é importante e quem quer abraçar o mundo, acaba se perdendo e, geralmente, não consegue abraçar nem a si mesmo.

As receitas eram cada dia mais satisfatórias. Dávamos os passos conforme as pernas. Não queríamos nos precipitar para não colocar em risco todo o esforço que já tínhamos realizado até então.

Analisando algumas planilhas no computador, montadas por um competente assistente que tínhamos contratado há pouco tempo, notava resultados financeiros cada dia mais sólidos. Comecei a pensar na importância do trabalho em minha vida. Havia vivenciado, durante muito tempo, dificuldades enormes e, em alguns momentos, confesso que pensei em desistir. Situação normal para qualquer ser humano que estivesse nas mesmas condições.

Mas a confiança em mim mesmo e em Deus me fez forte para superar os momentos mais delicados que exigiram de mim muita perseverança, resignação, paciência e acima de tudo, extrema força de vontade em vencer.

Nesses momentos mais difíceis sempre notei que Deus assiste suas criaturas através das próprias criaturas. A bondade divina é manifesta a todos, nós é que vivemos ansiosos e preocupados demais, não percebemos o quanto o Senhor da Vida nos auxilia em todos os instantes.

Do pouco que me lembro das missas de domingo que

ia com minha mãe, quando ainda era muito pequeno, um dos ensinamentos de Jesus ficou registrado em minha mente, está em Lucas 11, 9-13. Um dia o transcrevi e coloquei em minha pasta para levá-lo sempre comigo. Diz o seguinte: *"Pedi, e ser-vos-á dado; procurai, e encontrareis; batei, e hão de abrir-vos. Pois, quem pede, recebe; e quem procura, encontra; e, ao que bate, hão de abrir. Qual de vós, se o seu filho lhe pedir pão, lhe dará uma pedra? Ou, se lhe pedir peixe, lhe dará uma serpente? Ora, se vós, sendo maus, sabeis dar coisas boas aos vossos filhos, quanto mais o vosso Pai que está no Céu dará coisas boas àqueles que lhes pedirem. Portanto, o que quiserdes que vos façam os homens, fazei-o também a eles, porque isto é a Lei e os Profetas".*

Imediatamente, lembrei-me de situações que vivi mais recentemente, como a assistência e o auxílio direto do cubano, quando cheguei aos Estados Unidos. Posteriormente, e porque não dizer em paralelo, o Doutor John, que eu tinha em alto conceito e consideração. Nosso relacionamento chegava a ser de pai e filho. É, Jesus realmente havia feito uma comparação racional e lógica em relação aos sentimentos. Se nós queremos somente o bem daquela pessoa que amamos, o que dizer de Deus?

Estava recebendo muito da vida e não podia apenas beneficiar a minha pessoa, Jennifer e nossos funcionários.

Era necessário fazer um pouco mais, por outras pessoas mais necessitadas.

O *BAR* demanda certo número de casos a serem atendidos de forma gratuita anualmente, porém, eu poderia fazer muito mais.

Criaria um dia na semana para o atendimento exclusivo e totalmente gratuito aos imigrantes, viessem eles de qualquer região do planeta. Teríamos, em alguns casos, dificuldades com o idioma, mas faríamos o possível para atender a todos que nos procurassem.

Conversei com a Jennifer a respeito e não foram necessárias grandes explicações, pois ela partilhava dos mesmos conceitos que eu em relação à profissão e à vida. Quem tinha um pouco mais podia dividir com quem possui menos. Se o mundo pensasse assim, quantas pessoas sairiam da linha da miséria? Não só a miséria material, mas também e, principalmente, a pior delas, que é a miséria moral?

Os custos do "Dia Especial" seriam absorvidos facilmente pelos nossos resultados, sem prejuízo nos bônus anuais aos nossos funcionários.

Expusemos nossa estratégia para toda a equipe e, sem nenhum problema, tivemos adesão de todos. O que me pareceu estar envolvido pelas bênçãos divinas. Cheguei a pensar como é inteligente ser bom para com o semelhante, pois tenho a sensação que o universo trabalha em nosso favor quando nos abrimos ao bem.

Bom, mas isso era coisa da minha cabeça e resolvi não comentar com ninguém, talvez preocupado em não ser entendido ou ser taxado de sonhador. Mas o importante mesmo é que teríamos um grande trabalho a realizar.

Não tinha eu mesmo sentido na pele a questão da exclusão? Não havia presenciado situações delicadas em relação a deportações de alguns conhecidos? Por vezes a separação da mãe, dos filhos, do marido e tantos outros?

Nada contra as leis nem tampouco aqueles que são responsáveis por mantê-las e aplicá-las, mas já tinha ouvido não só de autoridades, mas também de pessoas comuns, que o imigrante deveria ser colocado para fora do país no menor prazo possível porque eram, na sua maioria, os excluídos de sua própria sociedade. Entretanto, a pergunta é: quem corta a grama do jardim, limpa a piscina, trabalha no serviço de limpeza na casa das pessoas que pensam dessa forma? Via de regra eram imigrantes e, muitas vezes, ilegais.

Discursos, sempre discursos. Sempre é mais fácil e cômodo falar, pois para se realizar um trabalho, é necessário um esforço enorme, e aquele que fala muito, não tem realmente tempo e energia para fazer. É a velha história da formiga e da cigarra, alguém tem que trabalhar para que um tolo fique cantando, ou melhor, falando.

Dia especial

Rapidamente, a notícia do "Dia Especial" se espalhou. Nosso escritório ficava lotado no dia dedicado ao atendimento gratuito, às quintas-feiras e tínhamos que estar bem preparados para tantas solicitações.

Os casos mais simples eram raros, pois parecia que atraíamos só os mais complicados. Brincava sempre com os funcionários e, principalmente, com a Jennifer:

— Nós pedimos, e Deus nos atendeu!

— Francisco, Ele poderia ter atendido um pouco menos, não? Disse ela sorrindo.

— Acho Jennifer, que é para que nós nos exercitemos mais com os processos e, ao mesmo tempo, não sejamos nunca pretensiosos e mantenhamos uma atitude humilde diante da vida. Veja como esse povo que nos procura, na sua maioria, é sofrido. É um caso mais complicado que o outro.

– Tem razão, Francisco! Lembra-se daquele rapaz que nos procurou com suas filhas, uma de 6 e outra de 10 anos, ontem?

– Vagamente. Ontem estava uma correria, muita gente para atender. Recordo-me que a menina mais velha tinha os olhos vermelhos de tanto chorar. É esse o caso, não é?

– Sim. Não tive tempo de relatar o que ocorreu. Trata-se de um casal jovem, ele me pareceu ter uns 35 anos e sua esposa 32, conforme informou. Estão nos Estados Unidos já faz seis anos e meio, sendo que a filha mais nova nasceu aqui. Estão em situação ilegal. Ele, trabalhando como jardineiro e, ela, como faxineira. Levam uma vida simples. Relatou que passaram por muitas dificuldades até conseguirem se acertar por aqui. Vieram de um país da América Latina e atravessaram a fronteira do México com a ajuda de um "coiote" e só não foram apanhados pelos policiais da fronteira porque o dito coiote colocou uma pobre senhora como isca para os policiais. Enquanto os policiais se ocuparam com a senhora, eles conseguiram passar despercebidos.

– Jennifer, eles estavam com a filha mais velha? Na época deveria ser uma criança bem pequena, não?

– Sim, estavam. Na época a menina tinha três para quatro anos... Uma verdadeira aventura!

— Mas porque imigraram nessas condições?

— Mas é como você mesmo diz, Francisco: quem não tem cão, caça com gato! Estavam vivendo próximo da linha da miséria. Ele, desempregado, arranjava alguns trabalhos com amigos que não passavam de "bicos", todos incertos e sempre daquele tipo que ninguém queria. Ela fazia trabalho de limpeza, porém ganhando muito pouco, morando na periferia da capital de seu país, tendo parte de seu dinheiro gasto em transporte. Dá para acreditar?

— Claro que acredito. Isso não é incomum no meu país. Ainda tem muita gente vivendo de discurso e pouca ação. São as promessas de campanha política em ano eleitoral que ficam só nas promessas. Se um dia tiverem que pagar as promessas, como fazem muitas pessoas de várias religiões, até Deus vai ficar cansado...

— Você, sempre fazendo piada.

— Antes fosse, Jennifer, antes fosse...continue.

— Sim! Eles se estabeleceram por um curto período na Califórnia e depois vieram para um local mais próximo de Miami.

— São muito religiosos e frequentavam uma igreja aqui e, por incrível que pareça, foram denunciados para a Imigração por um membro da própria igreja. Segundo o relato de Antonio – esse é o nome do rapaz que atendi – o delator, a quem ele chamou de "cucaracha", estava, conforme informaram alguns membros da congregação, em situação pendente com a imigração também, porém resolveram tirar o foco de si mesmos, entregando outras pessoas. Parece que é uma espécie de delação premiada que o "tal" negociara com algum oficial. No entanto, Antonio não está acreditando muito nessa versão da história porque, na verdade, o "cucaracha" devia um dinheiro para ele e já havia se negado quitar a dívida inúmeras vezes.

— Quanto deve ser o valor da dívida que o delator tem com o Antonio?

— Não sei exatamente, mas é só olhar a situação de vida do casal e das crianças para se ter uma ideia de que a dívida não deve passar de alguns poucos dólares. O rapaz mal tem com o que se sustentar. As roupas dele e das crianças chegaram a me dar pena.

Pude perceber que Jennifer estava realmente muito sensibilizada e envolvida com aquele caso, então prosseguiu:

— Com o acontecido, entraram em pânico e saíram de casa carregando o que podiam, porém a esposa foi apanhada pelos oficiais da imigração, Está detida aguardando a deportação. Ele está muito preocupado, pois é uma questão de tempo, e irão achá-lo também... Estão na casa de um amigo que, claro, também é ilegal.

— Que novela, meu Deus!

— Sim, mas o que realmente me comoveu foi ouvir o

relato dele, em lágrimas, na frente das crianças que chora-vam juntas...

Dizia ele: - O que vou fazer da minha vida agora? Minha esposa presa, minhas filhas sem a mãe, eu sem trabalho, sem nenhum dinheiro? O meu amigo está nos dando abri-go, mas é provisório, pois ele mal ganha para sustentar a família dele e eu estou sendo mais um peso dentro da sua casa. Meu Deus, não consigo sequer raciocinar.

Antonio continuou seu relato:

— Porque nos tratam assim, como criminosos? O que queremos é somente trabalhar, ganhar um dinheiro ho-nestamente. Porque somos assim tão mal quistos nessa sociedade? Será que é apenas porque somos pobres? Não somos todos filhos de Deus, conforme ensina o pastor da minha igreja? Porque, então, fazem tanta diferença?

— Diante daquela situação — continuou Jennifer — falei que ele precisava manter a calma, que iríamos ver o que poderia ser feito. Falei que o nosso escritório já havia tra-balhado em casos semelhantes e poderíamos tentar pen-sar em alguma solução.

— Mas Jennifer — disse eu— você sabe que uma situa-ção dessas é extremamente delicada e que não há o que possa ser feito. A esposa dele será deportada em breve. O que nós podemos fazer? Como poderemos ajudar es-sas pessoas?

– Eu sei, Francisco, mas o que eu podia dizer para ele? O homem estava desesperado. Eu precisava falar alguma coisa que pudesse acalmá-lo um pouco.

– Claro, eu entendo. Você fez o melhor!

– Bem, no fim do atendimento, providenciei um pouco de dinheiro para que eles pudessem comer alguma coisa, inclusive porque a menina mais nova reclamou, em determinado instante, que estava com fome. Que situação! Fiquei arrasada.

Realmente, Jennifer procurou de todas as maneiras fazer o melhor, mas depois de certo período a esposa de Antonio foi mesmo deportada.

Quando o procuramos para uma conversa e contar o que havia acontecido, fiz questão de acompanhar Jennifer. Desnecessário dizer que o homem ficou consternado. O que ele faria agora com a família destroçada? Naquele instante, não poderia objetar seus argumentos, porém tive que reenfatizar os riscos que corriam por estarem ilegais, não só nos Estados Unidos, como em qualquer outro país, esse risco é permanente!

Mas, falar de dor com o paciente com o peito aberto era ser, no mínimo, uma das criaturas mais cruéis do mundo.

Ele chorava feito criança. As lágrimas banhavam seu rosto muito queimado pelo sol. Era uma das cenas mais tristes que já havia presenciado. Ele tentava se controlar, mas simplesmente não conseguia. Jennifer se emocionou e também não conseguiu segurar as próprias lágrimas. No meu caso, caiu um cisco no meu olho ou, pior, nos dois, como costumava me referir ao ver situações dessa natureza.

Todos os casos que atendíamos naquele "Dia Especial" costumavam ser diferentes uns dos outros, mas eram sempre, com raríssimas exceções, muito difíceis.

Para buscar minimizar o sofrimento, não só do homem, mas do marido e pai daquelas crianças, ofereci-lhe certa quantia para que ele aplicasse talvez no retorno para o seu país.

Ele agradeceu, pegando o cheque que preenchi com mão trêmula de emoção. Pude observar as suas mãos calejadas e pensei com tristeza naquela pessoa que trabalhou sempre muito duro, para agora não ter praticamente nada, e sair correndo do país, como um criminoso comum. Senti na pele a dificuldade, e era exatamente por isso que a dor dessa gente sofrida me falava tão alto. Elevei meus pensamentos a Deus, pedindo que o Senhor tivesse pena da nossa pequenez quanto a indiferença de muitos, pela dor alheia.

Naqueles instantes, lembrei-me de uma passagem que li a respeito de Madre Tereza de Calcutá quando, certa vez, um repórter perguntou a ela o que desejaria que a Ciência inventasse para o ser humano.

Ela, brilhantemente, respondeu:

— "Gostaria, meu filho, que a Ciência inventasse uma pílula que curasse a indiferença".

Passados alguns dias, o amigo de Antonio ligou para Jennifer para avisar que ele havia retornado a seu país de origem, na esperança de um dia conseguir voltar aos Estados Unidos...

Dia especial
Um fato curioso

Os chamados dias especiais foram ficando cada vez mais interessantes e envolvendo todos os funcionários do escritório. Alguns deles falaram em providenciar um lanche para substituir o almoço para podermos ter mais tempo para os atendimentos.

Um dos rapazes, um tanto mais religioso que os demais, sugeriu fazermos uma prece antes de iniciarmos os atendimentos, pedindo a Deus muito auxílio e discernimento para que fôssemos extremamente efetivos no trabalho daquele dia, que tanto ele, como nós todos considerávamos especial.

Disse ele, quando sugeriu fazermos a prece:

– Doutor Francisco, o senhor sabe que o "Dia Especial" é um dia caritativo. Seguindo os ensinamentos cristãos, eu poderia propor uma prece, conforme nos ensinou Jesus, que foi o maior modelo de caridade entre os homens?

Concordei! Por incrível que possa parecer, não houve objeção por parte dos demais quando o próprio jovem, fez a proposta. Chamava-se John, o xará do meu amigo e porque não dizer: tutor. Recém-formado e aprovado no Exame, com resultado excelente, ele me fazia lembrar muito do início de minha carreira no Brasil. Modéstia a parte, extremamente convincente em seus argumentos e, acima de tudo, muito decidido.

Naquela manhã de quinta-feira, fizemos a prece em conjunto, tendo John conduzindo-nos de forma respeitosa e envolvente. Com a voz embargada pela emoção, dirigiu-se ao Senhor da Vida, mais ou menos dessa maneira:

"Senhor, nos criastes como verdadeiros irmãos, apesar de não reconhecermos ainda essa realidade em nossas vidas. No pouco que sabemos, entendemos que somos irmãos no teu amor, por isso rogamos que ilumine nosso verbo, aqueça com suas bênçãos nossos corações e faça com que apliquemos o ensinamento máximo de Jesus, nosso irmão maior, que nos orientou a procurarmos amar ao próximo como a nós mesmos. Apieda-se, Senhor de nossa pequenez diante da Tua grandeza e permita que auxiliemos nossos irmãos que nos procuram, com discernimento, dedicação e bondade que o Senhor tem para conosco. Somos conscientes que estamos muito distantes dessa bondade porque nosso entendimento ainda é muito reduzido em relação a Tua grandeza. Mas temos certeza que o Senhor suprirá nossas limitações porque nos ama incondicionalmente. Damos graças pela bondade de mais um dia de trabalho, não em favor do semelhante, mas em favor de nós mesmos, porque hoje sabemos, Senhor da Vida, que aquilo que fazemos ao nosso próximo, fazemos para nós mesmos".

Sua prece emocionou a todos e alguns, inclusive eu, disfarçamos as lágrimas diante de uma prece tão singela e, ao mesmo tempo, tão verdadeira.

— Jennifer que não perdia uma oportunidade para fazer graça quanto ao meu coração mole — eu sempre fui um chorão nato — olhando-me amorosamente disse:

— Caiu um cisco no seu olho novamente, Francisco? Engraçado, não? Caem todas às vezes sempre nos dois olhos ao mesmo tempo...

— É Jennifer, muita coincidência. Coincidências acontecem... — respondi em tom de brincadeira.

Mas um fato bastante curioso estava por acontecer no meu primeiro atendimento daquela manhã de sol, dia lindíssimo em Miami.

Nossa assistente adentrou minha sala acompanhada de uma linda jovem com traços que eu diria serem totalmente americanos. Tanto que me apresentei em inglês e ela respondeu sem nenhum sotaque, e logo emendou:

– O senhor é brasileiro, não?

– Sim!

– Então, o senhor pode falar comigo em português porque também sou nascida no Brasil.

– Desculpe, senhora?

– Ana, Ana Maria R.

– Muito bem. Como posso ser útil?

– Bem... Sou estudante aqui nos Estados Unidos, onde vim fazer um MBA custeado por uma bolsa que ganhei em um concurso na universidade onde concluí meu curso de administração, no Brasil. Posso tomar um pouco mais de seu tempo com alguns detalhes sobre minha vida?

– Sim, por que não? Estou a sua disposição.

– Bem, antes de mais nada, vejo como muito importante colocar para o senhor meus anseios em viver definitivamente aqui nos Estados Unidos. Não saberia explicar o porquê, mas para mim, sinto como se estivesse voltando para minha verdadeira casa. Vou contar um pouco sobre minha história e o porquê desta decisão.

– Perfeitamente, Ana, fique à vontade.

– Sempre sonhei com os Estados Unidos, literalmente falando. Nos meus sonhos, desde criança, me via com meus pais, que não são os atuais, em local tipicamente americano, em uma fazenda localizada no Wisconsin; onde tratávamos da criação de gado, junto com meus pais, irmãos e outros funcionários. As datas, locais e pessoas foram sempre identificadas nesses sonhos. Naquele período, nasci em uma família tipicamente americana. Meus pais tiveram oito filhos, cinco meninos e três meninas. Eu era a mais jovem de todos, a caçula da família.

Nasci no dia 20 de janeiro de 1900 e fui registrada como Ann Marie G., filha de Anthony e Melissa G.

Ana Maria foi discorrendo sobre nomes, incluindo também o de seus irmãos e irmãs, com tantos detalhes e clareza, que me impressionou. Parecia que contava sua situação atual, mas a jovem aparentava, no máximo, 25 anos de idade. Eu já havia lido algo a respeito de assuntos ligados a psiquiatria em alguns livros de Carl Gustav Jung, mas o que eu estava presenciando, caso não fosse uma invencionice de uma pessoa bastante criativa ou doente, seria, no mínimo, intrigante.

A jovem Ana não me parecia uma pessoa desequilibrada e nem tampouco fora de sua razão. Falava com tamanha certeza e segurança que realmente me levava a acreditar que fosse uma história verdadeira. Apesar de eu estar com apenas 33 anos de idade, já havia conversado com muitas pessoas em minha área de trabalho e, por conta disso, já conquistara alguma experiência para identificar mentirosos com certa facilidade.

Aquilo era, no mínimo, espantoso, mas não era tudo. Quando mostrei maior interesse, com uma pergunta ou outra, ela continuou a detalhar as histórias, como se fosse um livro, um romance:

— Meu pai era muito bem-sucedido e respeitado na região. Tinha negócios com uma companhia importante e era o principal fornecedor. Tinha uma produção altíssima, o que proporcionava a nossa família um padrão de vida bem considerável. Lembro-me de meus primeiros anos de estudo, de minha escola que, aliás, continua localizada no mesmo endereço. Fui mais de uma vez condecorada como a melhor aluna da minha turma. Minha matéria preferida na escola era inglês e sempre tirei notas máximas em literatura e gramática. Tenho certeza que isso explica o fato de eu sempre ter me interessado por esse idioma. Na presente existência, a propósito, desculpe-me, doutor Francisco, mas como o senhor já deve ter percebido, eu aceito a reencarnação como um fato lógico e natural.

— Você não precisa se desculpar Ana, por favor, continue. — Respondi, sem conseguir conter minha curiosidade.

— Como eu dizia, continuou Ana, nesta existência, a língua inglesa surgiu de forma automática, pois quando comecei a falar e articular frases um tanto mais complexas, sempre desde a primeira infância, falava em português e em inglês ao mesmo tempo. Meus pais atuais, claro, ficavam muito confusos. Até que certo dia chamaram uma senhora americana que residia próximo a nossa casa e pediram que eu conversasse com ela "na outra língua", porque em minha inocência, falava que as palavras, coisas, pessoas e situações, tinham dois nomes, um era, por exemplo, "verde" e o outro nome era "green". Isso para tudo que falava em português.

Ela fez uma pequena pausa e perguntou:

— Bem, espero não estar sendo cansativa com essa história, até porque, pode ser que o senhor esteja achando que isto pode ser genético ou que tenha qualquer outro tipo de explicação, não?

Eu respondi:

— Bem Ana, não posso dizer que não me passou pela cabeça essa possibilidade, mas não conheço o lado científico suficiente para arriscar qualquer tipo de conclusão ou explicação. Por favor, continue.

— Pois bem! Meus pais pediram para essa senhora americana conversar comigo. Ela se apresentou em inglês e iniciamos uma conversa somente em sua língua natal por mais de uma hora. Percebia que, de vez em quando, ela trocava olhares com meus pais, que estavam impressionados, principalmente quando eu me referia aos locais onde vivi na vida passada, e também como saí daquela existência.

– Ah... e como foi? – fiquei pasmo e não pude evitar a pergunta.

– Já contava com 15 anos de idade, quando minha mãe pediu que eu fosse até um dos currais e trouxesse um galão de leite de uma das vacas que estava sendo ordenhada por um funcionário. Não percebi que a porteira que separava um curral do outro estava aberta. Lá ficava um dos touros que papai havia comprado recentemente. Recordo-me da roupa que usava. Era de um colorido muito vivo, usava uma camisa vermelha e calça jeans. O animal, que tinha fama de ser muito bravo, escapou do seu redil me atacando pelas costas. Não vi o que aconteceu. Levei uma pancada tão forte que me vi em câmera lenta sendo arremessada contra uma cerca de madeira. Bati com tamanha violência que pude sentir, assim que fui ao solo, o sangue jorrando da boca. Em seguida, senti-me leve, observando a cena do alto. Pude ver meu corpo, já banhado em sangue. Alguns funcionários, correndo em direção ao local, e minha mãe, saindo de casa para olhar o motivo de tanta gritaria e alvoroço. Em seguida, alguém disse:

- Senhora aconteceu um acidente com Ann Marie. O touro escapou do curral e atacou a menina...

– Naquele momento, perdi a noção de tempo e espaço, e só passei a dar conta de mim mesma quando já me encontrava com certa idade, na presente existência. Coincidências à parte, até meu nome na existência atual é igual ao anterior.

Nessa altura da narrativa, eu já estava completamente confuso, e então ela continuou a sua história:

– Mas isso é apenas um detalhe. Quando vim para cá, cheguei com três semanas de antecedência ao início de meu curso, já com o objetivo de visitar o local de minhas recordações. Com incrível facilidade, localizei a cidade, assim como a fazenda que continua com a atividade de criação de gado. Hoje os donos são os netos e bisnetos dos fundadores, meus pais naquela época. Visitei, inclusive, a escola onde estudei. Fiz isto tudo sem ajuda de ninguém. Sentia como se minha outra vida estivesse se repetindo, ou melhor, sendo real como essa. Me senti compelida a buscar mais informações que pudessem comprovar a história. Tive a ideia de pesquisar na biblioteca local e, como na época o acontecimento que narrei da minha morte deveria ter sido notícia no jornal, busquei nos arquivos as digitalizações do periódico da cidade. Incrivelmente, pude constatar que o fato realmente havia ocorrido. Pude ver também uma fotografia minha e ter certeza de que as características e detalhes que via nos meus sonhos eram reais, pois se repetiam ali, diante dos meus olhos.

Confesso que estava boquiaberto com a história toda. Se fosse invenção de uma mente doente, seria de impressionar. Agora, se fosse imaginação, que criatividade essa moça demonstrava. Então falei:

— Muito curioso realmente o que você acaba de me contar. Desculpe-me a sinceridade, mas confesso que muita gente poderia achar um tanto fantasiosa uma história dessas, não?

— Doutor Francisco, não conto essa história para qualquer pessoa. Entretanto, apesar de ser convicta reencarnacionista, ao mesmo tempo não estou preocupada com o que as pessoas possam achar. Sobre reencarnação, vou dizer uma coisa: não acredito simplesmente. É mais do que isso. Eu sei que existe, o que é muito diferente. Sei porque sinto a minha história de maneira real, sei porque comprovei; e também sei, porque pesquiso o assunto de forma séria. Como o senhor me deu liberdade para contar, acredito que devo ser o mais transparente possível com meu advogado, pois creio ser a base de seu trabalho e da minha posição como cliente, não é mesmo?

A moça era muito inteligente e perspicaz. Podia ver diante dos meus olhos uma típica americana falando. Impressionou-me realmente sua história. Se verdadeira, eu não poderia afirmar, pois não tinha informações suficientes sobre o assunto. Aprendera com o doutor John, em uma das nossas tantas conversas que, acima de tudo, devemos respeitar aquilo que não se conhece em profundidade e, em caso de criticar determinado assunto, temos que conhecê-lo profundamente para não cair na posição tola do "achismo". E isso me fez lembrar o que certa vez ouvi de um professor que tive na universidade. Uma frase simples, mas que me impressionou por sua veracidade: "Quem acha geralmente é irresponsável, pois acha sem conhecimento de causa porque, se conhecesse o assunto em profundidade, não acharia, teria certeza." Quando conhecemos em profundidade determinado assunto, podemos expressar nossas opiniões com equilíbrio e sem qualquer margem de dúvida ou preconceito.

Mas por mais fantástica que pudesse ser aquela história, ainda não havia entendido o objetivo da consulta, ou seja, o que aquela moça estava efetivamente buscando. Então tentei focar nos motivos que a trouxeram ao meu escritório, e perguntei:

— Ana, o que eu posso fazer por sua situação "atual"?

— Bem, estou em vias de concluir meu MBA em uma universidade da Flórida e, como minhas notas me colocam como a melhor aluna do curso, recebi um convite de trabalho em uma empresa multinacional, que também é sua cliente. Como a empresa vai preparar minha documentação para o visto específico, solicitei que adiantassem uma consulta com o senhor, no que fui prontamente atendida.

Liguei para cá e, no momento em que cheguei aqui,

soube que agendaram minha consulta no mesmo dia em que atendem pessoas gratuitamente. Não entendi por que, uma vez que a empresa vai arcar com todas as despesas do processo.

— Diria da minha parte, Ana, que uma de nossas assistentes cometeu um dos enganos mais curiosos da minha vida. Naturalmente que atenderemos o seu processo com todo o cuidado que ele exige. Mas eu acredito, ou melhor, como diz você, eu sei, que a vida nos coloca diante de pessoas que têm algo a nos ensinar. Como disse anteriormente, não posso julgar sem conhecimento de causa e, se pudesse, aí é que não julgaria mesmo.

— Sempre me impressionou a passagem de Jesus com aquela mulher apanhada em adultério. Além de não ser julgada pelo Mestre, que tinha condição de fazê-lo, dada a sua grandeza espiritual, foi devidamente orientada no magnífico ensinamento do "Vá e não erre mais".

Tratamos dos aspectos necessários relativos à documentação e Ana despediu-se agradecendo e me deixando pensativo sobre como a vida é bela e sempre cheia de fatos, no mínimo, curiosos.

Dia especial
Ética acima de tudo

Nosso dia especial chegou a uma média de atendimento acima da nossa capacidade. Visando não atrasar documentos e nem adiar prazos, contratamos de forma terceirizada mais dois profissionais.

Em um de meus atendimentos, recebi a visita do senhor Murilo S. que aparentava mais ou menos 40 anos de idade e parecia estar um pouco ansioso e agitado, ao mesmo tempo. Busquei acalmá-lo e ouvir sua história.

— Diga-me, senhor Murilo, o que podemos fazer pelo senhor?

— Bem, doutor Francisco, estou nos Estados Unidos já faz um ano, aproximadamente. Vim como turista e resolvi permanecer.

— Entendo. O senhor está ilegal, então. Resolveu permanecer aqui, mesmo de forma ilegal, por que razão?

— É que cometi um pequeno deslize no Brasil e resolvi me refugiar aqui, antes que fosse preso lá.

— Sim, mas um pequeno deslize, conforme diz o senhor, seria motivo para prisão? Será que não poderia resolver de maneira diferente, em vez de se refugiar aqui permanecendo na ilegalidade? Desculpe-me a sinceridade, mas para fugir de um problema parece que o senhor acabou arrumando outro, não?

— É, doutor Francisco, às vezes a gente faz besteiras, não é mesmo?

— Depende de nossas escolhas, não é? Desculpe-me novamente voltar ao ponto de partida de nossa conversa, mas o senhor poderia dizer que tipo de deslize cometeu no Brasil? Isto é vital para o processo de visto aqui.

— Veja, eu não poderia dizer que o meu erro foi assim tão grave, pois são coisas que acontecem e fui tentado a cometê-lo. A culpa não é só minha.

Notei que, a essa altura, ele começou a suar e gaguejar. Não tinha o interesse de colocá-lo em uma situação desagradável porque essa não é a minha intenção, mas sim, saber a realidade dos fatos para tentar auxiliá-lo no que fosse possível.

— Fique tranquilo, porque a sua situação pode ter uma solução adequada. — Disse isso oferecendo-lhe um copo com água.

– É que eu não sei como dizer isso para o senhor porque essa minha situação me acompanha também aqui. Claro que eu não posso assumir toda a responsabilidade sozinho. Não estaria certo, elas sempre me tentam.

Comecei a perceber que aquela história estava ficando um pouco confusa demais, então busquei puxar mais informações para saber onde estava pisando. Fiz a seguinte pergunta:

– Quem o está tentando, senhor Murilo? Por favor, gostaria que o senhor fosse mais específico e explicasse o problema que o aflige para que eu possa tentar ajudá-lo.

E assim ele começou a contar:

– No Brasil, morava em uma cidade no interior de São Paulo e minha vizinha tinha uma filha que deve estar com 14 anos agora. A menina vivia me tentando, fazendo gracejos, me olhando sempre de maneira diferente. Parecia ter o demônio no corpo. Uma tarde de sábado, quando seus pais saíram e deixaram-na sozinha, disse para minha esposa que iria comprar uma peça para consertar meu carro e, então, dei um jeito de entrar na casa dela pelas portas dos fundos. Encontrei-a no sofá assistindo televisão. Agarrei-a em um pulo e, antes que ela pudesse gritar, bati com força no seu rosto e ela desmaiou. Quando a vi desacordada e sem resistência, fui arrastado por uma força incrível e fiz sexo com ela. Saí de lá tão rápido como entrei, porém, vi seus pais voltando. E então, sem saber o que fazer, fugi deixando tudo para trás. Acredito que até hoje minha esposa não saiba onde estou. Tínhamos planejado tirar férias e virmos para os Estados Unidos conhecer a Disney. Por isso já havíamos providenciado nossos passaportes, vistos e comprado passagens para Miami. Peguei a passagem e fui até a companhia aérea. Por sorte, encontrei vaga em um voo que sairia naquela mesma noite. Foi o que fiz. Vim para cá com a roupa do corpo, praticamente.

— Quando desembarquei e passei pela alfândega, o oficial me perguntou onde estava a minha mala. Disse que a companhia a havia extraviado e que me entregaria no hotel. Como tinha um pouco de dinheiro, fui me sustentando como dava. Arrumei um emprego em um restaurante para lavar pratos.

— O senhor tem filhos?

— Não doutor, sou eu e minha esposa.

Na verdade eu estava chocado com a história. O homem parecia ser uma pessoa de bem. Que loucura poderia ser aquela? Que história bizarra!

— O senhor disse-me que havia cometido um pequeno deslize. Aconteceram outros deslizes, senhor Murilo?

— Sim, uma vez, mas já faz muitos anos. Também foi com uma garota que deveria ter a mesma idade, mas ela, por medo da situação, não contou nada para ninguém, ficando tudo por isso mesmo.

Confesso que fiz uma força descomunal para não me levantar e dar um soco na cara dele, ou uma surra com o que eu pudesse ter a minha mão. Olhei para um taco de beisebol que um cliente havia me dado de presente, e, naquele momento seria a melhor terapia que eu poderia aplicar, com a desculpa de não ter nenhuma formação na área psiquiátrica. Foi um esforço enorme conter meus impulsos. Procurei raciocinar, focando no ponto de que eu estava na frente de um enfermo grave. Respirei fundo e perguntei:

— Bem, e agora, o que o senhor pretende?

— Quero ver se o senhor pode me ajudar para que eu consiga um visto de trabalho, e então possa continuar aqui, porém, legalmente.

Visto de trabalho? Ajuda? Meu Deus, eu estava quase enfartando e o cidadão me pedindo ajuda? Eu precisava de toda ajuda do mundo para não pular no pescoço dele e ele me pedia ajuda?

Não sei que força me levou a formular uma pergunta para ele. Acredito que foi inspiração divina naquele momento.

— O senhor está controlando esse seu impulso, senhor Murilo?

— Às vezes olho para a filha do dono do restaurante, que tem mais ou menos a mesma idade das outras e percebo que ela também fica me tentando, se oferecendo...

Meu Deus, o sujeito é completamente doente – Pensei naquele instante, deveria estar no mínimo, internado.

Procurei demonstrar calma para não assustá-lo. Respirei fundo, tomei um pouco de água, enquanto pedia a Deus para que eu não dissesse nada que pudesse ofendê-lo diretamente, se bem que o esforço que fazia era enorme. Peguei a caneta em minhas mãos para alinhavar algumas notas e tentei não tremer.

– Vou relacionar alguns documentos para que sejam providenciados pelo senhor, para que possamos dar andamento no seu processo, ok?

– Sim, doutor. Fico muito agradecido.

Despachei o cidadão o mais rápido que pude, não fazendo questão alguma de estender-lhe a mão para cumprimentá-lo, pois poderia ter ímpetos de colocar ambas as mãos em seu pescoço.

Procurei me acalmar, dentro do possível, e como nunca tinha enfrentado algo parecido, achei melhor ligar para meu grande amigo e tutor. Liguei diretamente para o celular do doutor John, coisa que eu não gostava muito de fazer, pois às vezes poderia estar ocupado e eu ser o inconveniente de plantão. Porém, não resisti.

– Doutor John, como vai? O senhor pode falar agora?

– Sim, Francisco. Está tudo bem? Aconteceu alguma coisa, esse seu tom de voz...

Narrei o episódio buscando ser o mais sucinto possível e, ao mesmo tempo, disfarçar um pouco o estado em que me encontrava. Imaginava o que as pobres meninas poderiam ter passado nas mãos daquele doente.

— E que providências você pretende tomar com essa última observação que ele fez, quanto à filha do dono do restaurante para quem ele trabalha Francisco?

— Denunciá-lo às autoridades policiais, doutor John. Porém posso estar arruinando a minha reputação de confidencialidade.

— Você sabe que isso não vai arruinar a sua reputação e sim aumentá-la, Francisco, uma vez que estará prevenindo um possível crime.

— Eu sei, doutor John. Mas o senhor também sabe que a concorrência é sempre cruel para distorcer os fatos, não é mesmo?

— Se eu sei, Francisco? Claro que sei! É cobra engolindo cobra, como você mesmo diz. Mas você não precisou aprender comigo porque é seu caráter ser ético. Fique tranquilo e faça a coisa certa.

— Com certeza vou fazer! Precisava apenas ficar calmo e ouvir sua experiência a respeito desse tipo de situação. Não havia tido um caso como esse antes. Juro que tive ímpetos de querer estrangular o sujeito.

— Posso imaginar, Francisco, afinal, somos humanos antes de mais nada, não?

Despedi-me agradecendo seu tempo, e liguei em seguida para a polícia.

Fiquei realmente tranquilo e com a mente em paz, depois que todo o processo se desenrolou.

Uma grande família

Cheguei cedo ao escritório naquela manhã de sexta-feira que prometia ser bastante movimentada. Encontrei Jennifer na entrada do edifício, também pronta para o dia de trabalho.

— Como vai a senhora, doutora? Já sorrindo, preparado para um beijo rápido.

— Bem doutor, muito bem!

Abrimos o escritório naquela manhã e resolvemos falar um pouco sobre nós. Já havia alguns dias que eu pensava em marcar uma data para o nosso casamento e foi como começamos o assunto.

— Jennifer, você sabe que nossos negócios vão bem, com as bençãos de Deus. Temos funcionários tão competentes quanto nós. Nos esforçamos muito e, financeiramente, as receitas melhoram a cada dia. O que você acha de fazermos o financiamento de uma casa ou apartamento para nos casarmos. Logo vão dizer que eu estou enrolando você — disse sorrindo.

– Acho a ideia esplêndida, Francisco! Vamos tratar disso sim.

– Ótimo! Como temos um almoço no domingo na casa dos seus pais, poderíamos combinar a data mais favorável entre nós e dar a notícia, o que você acha?

– Acredito que o melhor seja envolvê-los na data também. Você sabe o quanto a mamãe se melindra com certas coisas, às vezes corriqueiras demais.

– Ok! Só espero que ela já tenha se conformado com a minha presença em sua vida e não enfarte com a notícia do casamento – Falei em tom de brincadeira e complementei: - Imagine um "imigrante brazuca" na família, que horror! Casar-se com uma americana! Oh, meu Deus!

Nós dois rimos muito porque já sabíamos como lidar com a minha futura sogra, que no fundo, sempre foi uma pessoa excelente, apesar de se mostrar durona.

E foi assim que aconteceu. No domingo seguinte, quando já havíamos acabado o almoço, apresentamos a proposta. O pai de Jennifer ficou muito feliz e achou tudo maravilhoso, concordando de imediato com a data que sugerimos, aliás, muito próxima de seu aniversário, que seria comemorado no dia 27 de janeiro. Porém, usando uma expressão muito brasileira, "não deu outra" com a mãe de Jennifer, ela pulou da cadeira em que estava sentada, dizendo:

– Acho que vocês enlouqueceram! É um prazo tão curto! Vocês acham que conseguirão encontrar uma casa, mobiliar e se casarem?

– Mamãe – Jennifer interviu – nós estamos no início de março. Temos quase um ano pela frente, não se preocupe tanto, dará tudo certo!

– Jennifer, temos que comunicar a família, fazer a lista dos convidados, preparar a festa...

Meu futuro sogro, com um pequeno gesto, convidou-me para sair ao jardim, dando uma desculpa meio esfarrapada, pois conhecia bem o desenrolar da conversa. Disse ele, com a calma de sempre:

– Francisco, já conheço essa novela de trás para frente. Isso vai render umas duas horas de conversa e, no fim, Jennifer vai convencê-la, como sempre faz. Portanto, vamos caminhar um pouco, que isso é sempre muito bom para a digestão e para a saúde, não é?

Jennifer realmente conseguiu acalmar a dona Caroline e, passado aquele momento de estresse, tudo começou a correr muito bem. Minha sogra se envolveu completamente com os preparativos do casamento, o que parecia uma benção, pois pude vê-la, finalmente, feliz e motivada com alguma coisa que também me dissesse respeito.

Iniciamos a busca por um apartamento que atendesse, se não a todas, pelo menos a maioria, das nossas expectativas, tais como valor, tamanho, localidade, tempo de construção etc. Contamos com a ajuda de uma grande amiga, corretora, que fez uma pré-seleção ,e sabendo da nossa falta de tempo, apenas nos levava para ver aqueles imóveis que passassem por seu crivo! Mesmo assim foram alguns finais de semana visitando prédios, apartamentos e até mesmo algumas casas. Finalmente, passados três meses, encontramos um apartamento extremamente aconchegante, atendendo plenamente as nossas necessidades. Conseguimos a aprovação do financiamento no banco e fechamos a compra.

A mãe de Jennifer também nos ajudou na escolha do apartamento e depois que recebemos as chaves, as duas passaram a cuidar da mobília e da decoração. Confesso que ambas tiveram muito bom gosto!

Esse foi um período muito interessante e proveitoso. Pude conhecer melhor minha sogra, pelo fato de termos que passar mais tempo juntos do que o normal. Eu já sabia que ela era uma excelente pessoa e, no fundo, uma mãe sabe quando um sujeito quer bem sua filha. Eu sempre arrastei um bonde pela Jennifer que reunia ao seu redor tudo aquilo que eu sempre sonhara. Uma família equilibrada, uma mãe se fazendo de durona, mas extremamente carinhosa e zelosa, e outros aspectos simples, porém valorizados por mim. É como dizem, quando você não tem nada, 1 é 100%. No meu caso específico, eu tinha saído do zero e ido direto aos 100%. Só tinha que agradecer a Deus que me abençoava com uma esposa e uma família.

Nosso casamento foi um acontecimento muito feliz. Reunimos além de, praticamente, toda a família da Jennifer, também todos os nossos amigos, funcionários e até alguns clientes que acabaram se tornando amigos queridos. Em meio a festa fiquei observando minha esposa e minha nova família, imaginando a nova vida que construíra. Naquele instante, fiquei emocionado ao pensar em meus pais e no senhor Roberto. Gostaria que estivessem ali comigo, participando deste momento tão feliz! Era muito grato a eles, apesar das dificuldades que passei com minha mãe, sabia que devia muito a ela e a meu pai. A despeito do sofrimento que seu desequilíbrio me impôs, ela tentou fazer o melhor ao seu alcance. Tentei, por inúmeras vezes, encontrá-la, mas não tive êxito em minhas buscas. Gostaria de poder dar a ela algum conforto. Continuaria tentando... Emocionado, agradeci a Deus por minhas conquistas e alegrias.

Depois da cerimônia, conseguimos tirar uma semana de descanso e viajamos em lua–de–mel para o Caribe, presente do nosso padrinho de casamento, nosso querido amigo doutor John.

Iniciamos a nossa vida conjugal com muita alegria. Realmente, era maravilhoso acordar todos os dias ao lado de Jennifer! Sua serenidade me transmitia paz de espírito e eu agradecia, todos os dias, por aquela benção.

Poucos meses se passaram quando uma notícia abalou os alicerces: Jennifer estava grávida!!! Não me continha com tamanha alegria e, ao mesmo tempo, pânico! Enfim, poderia vivenciar essa experiência fantástica da paternidade! Me peguei, muitas vezes, em reflexão absoluta sobre como seria minha vida daquele momento em diante, com a responsabilidade de trazer ao mundo mais um indivíduo, criá-lo e educá-lo!

A vida resolveu reservar-me vários impactos de uma única vez, pois no primeiro ultrassom de Jennifer soubemos que eram dois coraçõezinhos batendo em seu ventre. Seríamos pais de gêmeos!

– Meu Deus! – pensei, naquele momento – em vez de um, virão logo dois! Lá no céu deve estar havendo alguma liquidação.

Não demorou muito e já sabíamos o sexo: era um casal. Teríamos diversão bastante diversificada, pensei eu. Educar uma menina e um menino ao mesmo tempo. Os nomes, Jennifer escolhera: Robert e Claire.

A gravidez foi supertranquila. Jennifer tomou todos os cuidados para auxiliar a natureza e permitir que as crianças tivessem uma formação perfeita, até que, no momento previsto, nasceram saudáveis e, não por serem meus filhos, mas lindos, pois graças a Deus, parecidos com a mãe.

Um amigo, querendo ser simpático, disse-me:

— Francisco, o menino é a sua cara!

Brincalhão, respondi rápido:

— Meu caro, o importante é ter saúde...

Doutor John e sua família vieram nos visitar. Durante uma conversa muito animada, o meu querido amigo e tutor, falou sorrindo:

— É Francisco, você gosta de trabalho duro, não é? Além do escritório, clientes, funcionários e muita correria, agora, quem diria um advogado pai de uma grande família ...

Ser feliz, sem comparações

Uma coisa que eu não poderia dizer é que a minha vida era monótona, porque isso não seria possível, com casa para cuidar, trabalho, filhos.

Lembro-me de ter lido certa vez em um adesivo no vidro traseiro de um carro: quer ter uma vida selvagem? Tenha filhos! Poderia não ser selvagem, mas que era uma agitação diária, isso era.

Mas a felicidade não seria ter tudo isso? Eu e Jennifer estávamos muito felizes com nossas conquistas, com nossa vida.

Certo dia, em uma conversa mais informal com um dos nossos clientes, Mauro Sérgio, que exportava frutas do Brasil para os Estados Unidos, falávamos sobre família, adaptação às novas exigências, quando ele perguntou:

— Doutor Francisco, como o senhor se adaptou a uma cultura tão diferente como a dos americanos?

– Bem, para começar, nunca fiz comparações, mesmo nas mudanças que eu pude experimentar no Brasil, porque não encontraremos no mundo um lugar perfeito. Se ficarmos fazendo comparações, acredito que não daremos oportunidade para sermos felizes onde estamos no momento. Em meu ramo, encontro muitos imigrantes, que não vivem aqui e nem vivem em seu país de origem.

Como percebi que meu amigo não entendeu o que eu estava tentando dizer, complementei:

– Porque se estão aqui, dizem que não gostam daqui, que morrem de saudades do Brasil, da família e dos amigos que ficaram lá, e quando pergunto por que não voltam, dizem que aqui têm emprego e uma condição de vida melhor, portanto não podem simplesmente voltar. Logo, o grande problema dessas pessoas é não fixarem raízes em lugar algum, estão sempre insatisfeitas e desejando alguma coisa diferente.

– Mas doutor – contestou Mauro – esse aqui é mesmo um país de consumistas; de gente fria e individualista. É só ver como tratam os próprios filhos... Os pais americanos expulsam os filhos de casa, quando eles atingem 16 ou um pouco mais de idade... É uma cultura muito diferente, por isso não é nada fácil se adaptar em uma comunidade como essa, não é mesmo?

Confesso que senti como se recebesse uma espécie de

chute direto no peito, ouvindo uma observação desta natureza, mas procurei manter-me sereno.

– Mauro, acredito que nós não podemos fazer análises precipitadas sem conhecermos mais detalhadamente o assunto. Para se conhecer um povo, é necessário conviver com ele, para, desta maneira, conhecer mais profundamente seus valores, não acha?

– O que o senhor, quer dizer, doutor? Que a nossa visão sobre os americanos está distorcida?

– Exatamente, muito distorcida! Inicialmente precisamos analisar o que é consumidor e consumista, não?

– Continue doutor, continue...

– Muito bem. Consumidor todos nós somos porque precisamos comprar alimentos, roupas quando necessário e outros artigos de primeira necessidade, além de energia, água etc. Agora, o consumismo é um desequilíbrio que pode ser vivido pelo ser humano em qualquer parte do mundo e não necessariamente somente pelo americano. Isso é uma rotulagem que não condiz com a verdade. Tenho visto gente do mundo inteiro ser desequilibrada quanto ao consumo. Algumas vezes responsabilizamos as pessoas erradas. O mundo inteiro vem comprar nos Estados Unidos, e por quê? Porque os impostos costumam ser mais justos, deixando o valor das mercadorias com preços extremamente atrativos. Porém, é o americano que leva a fama de consumista, não é?

Percebi que Mauro ainda não havia pensado sob esse ponto de vista, então continuei:

– Outro dia em um shopping, acompanhei um amigo brasileiro que comprou 15 camisas de uma marca bastante cara para quem vive aqui. Estranhei o fato, e ele comentou: "Francisco, com o preço de 5 camisas iguais a essas, no Brasil, eu compro 15 aqui. Posso abastecer meu guarda roupa e dos meus dois filhos, com um custo que vale a pena."

– É claro, Mauro, que esse é um exemplo muito simples, porém constato a mesma discrepância no preço de automóveis, alimentos, serviços e por aí vai. Posso fazer outra comparação?

– Sim, doutor, pode.

– A produção da carne bovina no Brasil está voltada, quase que maciçamente, para a exportação. Os números que tenho não são muito atualizados, mas me parece que do total produzido, 70% é exportado e 30% atende o consumo interno. Porém, quem leva a fama pelo desmatamento de florestas para transformar em pastos? O Brasil, certo? O Brasil desmata florestas para criar gado, não é? Porém, quem consome toda essa carne que é produzida? Não são os brasileiros, pois apenas 30% da produção é para consumo interno.

— Mas doutor Francisco, o senhor há de convir que aqui existe muito desperdício, não é mesmo?

— Foi um dos aspectos que eu observei logo que cheguei aqui e me surpreendi. Porém, com o passar dos anos vi que isso também não procede. O que ocorre é que os produtos têm um preço justo, conforme já vimos, e depois de algum tempo ou anos de uso, dependendo daquilo que se compra, o produto não tem mais valor algum, nem mesmo para doação. Portanto, acaba indo para o lixo, apesar disso, não é muito comum ver algum americano jogando no lixo alguma coisa realmente útil e em bom estado.

— Então, complementei meu raciocínio, consideremos que às vezes distorcemos nossas análises. Você disse sobre expulsar os filhos de casa, não foi?

— Foi!

— Muito bem! Tenho um casal de filhos e não pretendo expulsá-los, nem eu e tampouco minha esposa, que é uma legítima americana. Amamos nossos filhos. Pelo meu modo de ver, o que ocorre, é que os jovens americanos buscam conquistar seus respectivos espaços, o que é extremamente saudável, não só para movimentar a economia do país, bem como para a independência deles.

— Mauro, um ponto importante a se considerar nesse aspecto é que aqui, diferentemente do Brasil, a economia é totalmente descentralizada, permitindo que uma pessoa, um jovem ou um profissional movimente-se pelo país, através dos seus diversos estados, buscando melhores condições de estudo ou trabalho. Dessa forma, o que realmente é muito comum, é vermos jovens cursando uma universidade em estado diferente daquele onde nasceu ou vive, porém, sempre com a assistência, principalmente financeira, dos seus pais, até que se tornem independentes de fato.

– É óbvio, que se meus filhos entrarem em uma universidade próxima de minha casa, não terão que sair do ambiente doméstico para viverem sozinhos. Mas, se entrarem em uma faculdade mais distante, em outra cidade, irão morar perto da universidade, por questões de praticidade, locomoção e tempo, não porque não os queremos conosco. O que geralmente acontece é que são estimulados a serem independentes, diferente de muitas famílias no Brasil e em outros lugares do mundo, que estimulam o contrário, ou seja, incentivam que os filhos permaneçam em casa, porém esses jovens nunca deixam de ser adolescentes, nem mesmo quando já estão com 45 anos de idade, continuam na casa dos pais e muitas vezes sendo sustentados integralmente por eles.

– Mauro, hoje me sinto um cidadão americano, mas também sou brasileiro. Amo o Brasil, país onde nasci, o qual respeito como filho que sou, mas também amo os Estados Unidos, que me acolheu como indivíduo e, acima de tudo, deu-me a oportunidade de ser um profissional respeitável. Vejo que existe muita distorção no estilo de vida dos americanos, mas existe algum povo que seja perfeito? Se você me permite, gostaria ainda de fazer um adendo, referente aos valores de família, posso?

— Sem dúvida, doutor.

— É a minha opinião, como um simples observador que sou. Posso estar um pouco ou muito equivocado. Todavia, acredito firmemente que, para um país ter um povo tão patriota como são os americanos, isto só acontece pela valorização da família. Para mim, o patriotismo é simples reflexo da união familiar. O que é a pátria, senão a família expandida?

Pareceu-me que ele não gostou muito do meu discurso, pois ainda não estava muito convencido, mas é sempre muito natural que nunca agrademos gregos e troianos. Ademais, não costumo cuspir no prato que comi anteriormente e nem tampouco no que como agora. O que tenho realmente como hábito, é agradecer a Deus pelo alimento que recebo, esteja eu onde estiver!

Apaixonados

Chequei minha agenda quando cheguei ao escritório na segunda-feira e notei que meu dia seria cheio.

O primeiro atendimento seria o de um casal: o senhor Fernando e sua esposa, Renata H. Estava agendado para as 8h30. Apesar dos meus inúmeros compromissos por dia, tais como reuniões e visitas a clientes importantes, uma coisa da qual não abria mão era do atendimento pessoal dos casos mais simples de imigração, mesmo fora do Dia Especial.

Quando minha assistente anunciou que o casal H. já havia chegado, acreditei que fossem pessoas mais idosas, pela maneira formal com que ela os anunciou pelo telefone. Mas, quando entraram em minha sala, verifiquei que eram muito jovens, aparentando 25 ou 27 anos, no máximo.

Iniciei nossa conversa, sempre de maneira formal:

— Bom dia, é um prazer conhecê-los.

— Doutor Francisco, caso o senhor não se incomode gostaríamos de falar em português, porque também somos brasileiros e o senhor pode nos tratar de você. Tudo bem? É um prazer para nós também conhecê-lo!

— Pois não, Fernando e Renata, certo?

— Doutor, para não tomarmos muito o seu tempo, gostaríamos que o senhor trata-se do meu processo de Green Card.

— Com certeza. Qual a situação de vocês aqui nos Estados Unidos?

Fernando tomou a palavra:

— Eu cheguei aos Estados Unidos para fazer um MBA. Meus pais sempre investiram muito nos meus estudos e no dos meus irmãos. Papai é um empresário muito bem-sucedido na área de tecnologia e, como sou o filho mais novo, estou sendo também preparado para assumir uma posição na empresa. Tenho outros dois irmãos.

— Porém, as coisas nunca acontecem da maneira como nós esperamos, não é?

— Depende, Fernando! Acredito que na maioria das vezes é o nosso livre arbítrio que impera, não?

— Sim, doutor, concordo! Mas o senhor sabe como é o nosso coração, não sabe?

— Mais ou menos, Fernando, mais ou menos. Já respondi sorrindo, imaginando o que poderia ter acontecido.

— Pois bem! Inicialmente minha intenção era concluir meu MBA e retornar ao Brasil, como a maioria esmagadora dos estudantes faz. Mas a coisa não terminou bem assim.

— Comecei a me apaixonar por esse país, pela sua gente, seus valores, seus hábitos. Não que não goste do Brasil. Muito pelo contrário, amo o meu país. Lá está toda minha família, que eu diria ser abençoada por Deus. Desfrutamos de grande união e respeito mútuo, que não se encontra com muita regularidade.

Notei que, apesar de jovem, Fernando tinha noções muito claras quanto aos valores da vida em família. Logo percebi que isto era fruto de uma educação muito responsável. Aliás, naquele momento, pensei rapidamente sobre o assunto. O grande problema do mundo ainda é a falta de educação, de valores. Pessoas educadas fazem a diferença em uma nação. Foi sempre como entendi a missão de Jesus: um grande educador de almas!

Não me permiti maiores divagações...

— Que bom, não é, Fernando?

— Sim doutor, não posso reclamar de nada, sinceramente.

— Mas procurando ser mais sucinto, conheci Renata na biblioteca da universidade.

Neste momento, Renata também entrou na conversa, de maneira muito polida.

— Sim, doutor! Sou funcionária da universidade e trabalho na biblioteca desde que lá me formei. Sou filha de brasileiros, nascida aqui nos Estados Unidos. Meus pais tiveram histórias muito parecidas, ou seja, imigraram com meus avós, quando eram crianças de 3 ou 4 anos de idade. Se conheceram quando eram jovens na escola, namoraram e se casaram, constituindo família por aqui. Só vão ao Brasil a passeio.

— Doutor Francisco — retomou Fernando.

— Eu conheci a Renata logo nos primeiros dias do meu curso. Ficamos amigos e, com o tempo, contei a ela a respeito de minhas intenções de ficar aqui. Também conversei com meus pais várias vezes. Como disse, sempre tive muito incentivo deles em relação a procurar administrar minha vida da melhor forma possível. Sei que desejam que eu seja feliz, da minha maneira.

— Às vezes ouvi papai dizer, desde pequeno, quando nos reuníamos para o almoço ou jantar, de que os pais não devem impor seus métodos de felicidade para seus filhos porque felicidade é construção individual e não modelo para ser transferido.

— Fernando, concordo plenamente! E tem mais: muitas vezes queremos que os nossos entes queridos sejam felizes à nossa maneira e acabamos impondo-lhes padronização, não respeitando a individualidade de cada um. Para entender isso não é muito difícil, basta ver que somos semelhantes, não iguais, não é mesmo? Lembro-me de uma amiga muito querida nossa, que achou um absurdo o filho optar por uma carreira mais simples, quando a maioria da família sempre foi bem-sucedida no ramo financeiro. O rapaz até iniciou suas atividades no ramo familiar, mas não demorou muito e foi fazer aquilo que mais gostava, que era dar aulas de tênis. Vive feliz, sem necessariamente ter todo o dinheiro que os pais gostariam que ele tivesse. Acredito que a nossa vida é muito curta para vivermos frustrados. A pergunta objetiva é: quero ser rico ou ser feliz? Em alguns momentos não é possível conciliar as duas coisas.

Certa feita, ouvi de um amigo, uma frase comum. Ele disse: Francisco, dizem que dinheiro não traz felicidade, mas dá para sofrer em Paris... Pensei a respeito e cheguei à conclusão que lágrimas são lágrimas em qualquer lugar do mundo ou em qualquer posição que nos encontremos e que o melhor sempre será suar e não chorar, porque o suor vem do trabalho e a lágrima, geralmente, provém da dor.

Nesse momento, me dei conta de que já estava falando muito e, então, retomei o foco:

— Desculpe-me, Fernando e Renata, mas às vezes tenho a mania de me estender demais nos meus comentários.

Ambos sorriram e acrescentaram:

— Fomos informados de que o senhor mais parece um

médico homeopata, daqueles que a consulta demora 2 horas ou mais.

Achei graça com a colocação. Se eu fosse médico, talvez pudesse encontrar um remédio que reduzisse minha ansiedade, que sempre foi acentuada, reconheço.

– Doutor, como eu ia dizendo. Comecei a comentar os meus planos com a Renata e ela me ofereceu a possibilidade de eu poder continuar aqui.

– Sim, doutor, interveio Renata. Disse que, se ele quisesse, eu poderia me casar com ele. O senhor sabe que em determinadas situações existe uma verdadeira indústria por trás disso, não é?

– Infelizmente, Renata, infelizmente!

Renata, com um sorriso maroto continuou explicando: pois é, de minha parte, confesso que não sou partidária a nenhum tipo de postura ilegal, mas eu já estava apaixonada. Tentei não deixá-lo partir.

– Queria me fisgar, doutor, queria me fisgar – disse Fernando, rindo.

– E como vocês fizeram?

– Preparamos tudo! Fotos, festinha, alguns convidados. Tem gente até que vende esse tipo de serviço, o senhor sabia? Isso é exatamente o que eu não entendo, pois a imigração não analisa outras coisas quando tem um candidato a residente. O que eu quero dizer com isso é que meu pai não teria nenhuma dificuldade em enviar dinheiro do Brasil para cá para custear minha manutenção aqui. Ele tem condições de me manter nos Estados Unidos por muitos anos.

Não estava entendendo muito bem onde ele queria chegar, então fiquei calado, esperando que ele concluísse o raciocínio, e ele prosseguiu:

– Em nosso relacionamento familiar, conheci um executivo aposentado de uma grande multinacional, que enriqueceu com salários e bônus que recebia em virtude de seu desempenho na empresa. Quando se retirou e resolveu aposentar-se, quis viver nos Estados Unidos, mas não o aceitaram. Uma atitude incoerente, não acha? Ele poderia trazer para cá todo o dinheiro que necessitasse para manter-se por toda a sua vida aqui. Comprar imóveis e outros tantos bens duráveis; consumir serviços, gastar todo o seu dinheiro nesse país, além de pagar impostos etc. Enfim, só colocaria seu dinheiro aqui, sem a necessidade de tirar o emprego de quem quer que seja. Seu pedido de visto não foi aceito, pois sua situação não se enquadrava em nenhuma das categorias estabelecidas pela lei de imigração, e para piorar, por questões de acordos de reciprocidade entre o Brasil e os Estados Unidos, ele também não podia solicitar o visto de investidor, mesmo tendo mais de 500 mil dólares para aplicar aqui, no que quisesse.

O que vejo é que existe uma padronização sem análise de exceções a regra. Entendo que se não existirem regras, a coisa vira uma bagunça, porém existem casos e casos. Não digo isso para justificar a decisão de conseguir um visto através do recurso do casamento porque, sendo jovem e mesmo com uma situação financeira diferenciada, desejo, como qualquer pessoa de minha idade, trabalhar e, dessa maneira, acabar ocupando uma posição que poderia ser de um americano, porém casos como acabo de relatar, são todos colocados no mesmo cesto. Às vezes, doutor, chego a pensar que os oficiais da imigração olham para nós, brasileiros, como se todos fôssemos bichos do mato. Talvez acreditem que não tenhamos cultura, que não produzimos riquezas e não temos valores pessoais. É nessa questão que digo que cortam tudo por baixo.

– Ok, Fernando, acredito que sejam questões momentâneas. As mudanças para melhor sempre acontecem, o que precisamos é dar tempo para que elas ocorram. Paciência é uma virtude, certo?

– Bem, doutor, o que se passou conosco foi o seguinte: começamos a morar juntos porque precisávamos manter uma realidade de casados, pois poderíamos estar sendo investigados. Como vim para cá com toda a estrutura que os meus pais puderam me dar, a Renata mudou-se para meu apartamento, de maneira provisória, naturalmente, para que pudéssemos ser vistos por vizinhos, amigos, enfim, tudo dentro de uma vida a dois. Mas, como eu disse anteriormente, ela me enfeitiçou.

— Eu, não — Renata retrucou imediatamente — não foi bem assim, doutor. Ele, na verdade, também estava caidinho por mim.

— Não posso negar, doutor, que eu tinha certo interesse, mas o assunto inicial era puramente conseguir meu visto — Disse Fernando, sorrindo — Renata estava me fazendo um favor de amiga, sem nenhuma compensação financeira porque soube que esses casamentos arranjados costumam custar, em média, cerca de quinze mil dólares .

— Pois é! Uma pena isso, não é?

— É, doutor, mas como eu estava dizendo, nós nos apaixonamos e aquilo que era *fake* virou realidade.

— E os seus pais? — perguntei.

— Tanto os meus como os pais de Renata não aprovaram a ideia. Papai chegou a ficar realmente muito zangado comigo, dizendo que não havia criado um filho com todos os valores da família para depois ver que ele se metia em um procedimento ilegal ou falso. O que dá na mesma, o senhor sabe.

— Sei!

— Porém, depois que souberam que aquilo era para resolver uma situação de natureza burocrática tomou outro rumo, o senhor. sabe como é... E tem mais!

— Mais? — Perguntei, com curiosidade.

— Sim, Renata está grávida de 2 meses! Desta forma, nossos pais voltaram atrás e aceitaram nosso casamento, ficando felizes com nossa união. Nosso bebê será o primeiro neto ou neta, dos dois lados. Meus pais virão para nos visitar nos próximos 15 dias. Mamãe já falou que faz questão de preparar o enxoval com a Renata e que volta próximo do parto para ficar conosco e ajudar no que for necessário.

Renata completou as explicações de Fernando:

— Bem, do meu lado, os meus pais estão radiantes e já disseram que vão nos auxiliar para que compremos uma casa ou um apartamento maior para que o bebê tenha um quarto só para ele — disse Renata muito feliz.

Eu estava encantado com a história. Parecia um Shakespeare moderno sem drama, naturalmente. Uma situação que poderia ter um final complicado quanto às questões legais, terminava em um romance.

Esses acasos são realmente engraçados ou, como li certa vez no livro " A noviça e o Faraó", do escritor brasileiro Hermínio C. Miranda: "acaso é um dos pseudônimos de Deus".

Providenciamos a documentação necessária e seu processo foi rapidamente aprovado. Depois de certo tempo, lá estávamos eu e Jennifer presentes no batizado de uma linda menina, coincidentemente chamada Jennifer.

História de vida

Naquela manhã de quinta-feira, entrei no escritório profundamente aborrecido. Em virtude do trânsito, um garoto irresponsável, com habilitação recente, batera em meu carro. Havia acabado de comprar o veículo, um modelo esportivo – meu sonho de consumo – há apenas 4 dias.

Que desaforo, pensava comigo mesmo, pago uma fortuna pelo carro para um moleque desavisado pôr fim em minha alegria. Meu plano era desfrutar do meu carrão no fim de semana, havia marcado com alguns amigos um passeio de Miami até Orlando. Um bate e volta, só para ter o prazer de dirigir.

A batida na traseira do carro fora tão violenta que o meu veículo precisou ser guinchado. O carro do menino estava praticamente intacto, ficando somente com alguns arranhões.

Porém, era o "Dia Especial" e eu precisava me recompor. Minha assistente anunciou o primeiro cliente da manhã. Tratava-se do casal M., senhor Jorge e sua esposa, dona Iolanda.

Cumprimentei-os da maneira mais cordial possível, tentando me desligar do assunto que me aborrecia profundamente.

— Pois não, senhor e senhora M.? Em que posso ser útil?

— Doutor Francisco, nos casamos e gostaríamos que o senhor providenciasse minha documentação para o meu Green Card, é possível?

— Sim, senhor Jorge, é possível. Pelo que o senhor está solicitando, vejo que dona Iolanda é cidadã americana. A senhora é nascida aqui ou se naturalizou?

— Sou cidadã americana, filha de mexicanos. Meus pais imigraram solteiros, há muitos anos, cruzando a fronteira de maneira ilegal. Porém, com o tempo, tiveram a felicidade de contarem com corações generosos de americanos para quem trabalhavam como domésticos. Eles se responsabilizaram por eles, sendo seus tutores e, desta maneira, puderam legalizar sua situação de imigração. Naquela época, conseguir um visto de trabalho era muito mais fácil do que é hoje.

— Sim, dona Iolanda, sem dúvida, outros tempos... E o senhor, faz tempo que está por aqui, senhor Jorge?

Fiz essa pergunta acreditando que poderia estar diante de um casamento arranjado por certo preço e já preparado para colocar os dois para correr rapidinho. Não estava muito bem humorado para suportar qualquer situação de arranjos ilegais ou outra coisa qualquer sem ética. Confesso que a traseira do meu carro destruído ainda estava bem presente em meus pensamentos e me contrariando o suficiente.

— Casamo-nos já faz uns oito meses, mas estávamos com pouco dinheiro e tempo para providenciar meus documentos. Procuramos primeiro ajeitar nossa casinha, nossas coisas. Pretendemos adotar um filho logo que for possível porque já temos certa idade para pensarmos em gravidez.

— Entendo. Interessante esse aspecto sobre adoção. Considero uma atitude nobre de vocês.

— Doutor Francisco, um dia, quando o senhor tiver mais tempo, posso contar a minha história de vida e, com certeza, poderá compreender por que decidimos pela adoção, não é Iolanda? —Falou, dirigindo-se à esposa, com um olhar muito carinhoso.

Notei então que aquele casamento não se tratava de nenhum arranjo para visto, apesar de ser essa uma coisa muito comum, dado que o processo de imigração é sempre muito delicado, principalmente para pessoas que, por vezes, não tenham qualificação ou que se encontrem na ilegalidade.

Mas uma coisa que eu sempre fui e nunca pude negar, é ser curioso. Meu signo é Peixes e, dizem, que eles sempre morrem pela boca por serem extremamente curiosos. A história poderia ser muito interessante e o assunto da adoção me tocava profundamente, dada a nobreza de atitude daquelas pessoas tão simples.

— Senhor Jorge, gostaria de ouvir a sua história, se isso lhe for confortável, evidentemente.

— Naturalmente, doutor Francisco, para mim não é problema, mas trata-se de uma história comum. Sou uma pessoa muito simples, ou melhor, eu e Iolanda somos simples.

— Não se preocupe, uma experiência de vida sempre é muito rica, senhor Jorge, até porque, quem disse que não existe beleza nas coisas mais simples, não é mesmo?

— Bem, se o doutor me permite... – e assim ele começou a contar uma das histórias mais interessantes que já havia ouvido na vida:

— Nasci em uma cidade muito pobre do sertão brasileiro e fui abandonado na porta da casa daquela que seria minha mãe, pela graça de Deus. Tratava-se de gente muito simples também, talvez um pouco menos pobres que a minha mãe natural, que obviamente jamais conheci.

Meus pais eram funcionários de um sitiante, residindo

no local de trabalho, em condições de muita carência. O sitiante perdia quase todos os anos aquilo que plantava e criava, em virtude das secas prolongadas na região. Mas como tinha um coração de ouro e sabia que aquelas famílias que trabalhavam para ele não tinham mais nada além daquilo, permitia que fôssemos nos arranjando por ali.

Morreu cedo, logo depois do meu pai, que havia sofrido um acidente no campo com a enxada. Caiu sobre ela depois de ter se sentido muito mal, provavelmente pela fraqueza da falta do que comer para sustentá-lo em um trabalho tão duro.

Os herdeiros não se interessaram por aquele torrão seco em que vivíamos e nos deixaram por lá, para que pudéssemos cuidar de nossas vidas.

Quando meu pai morreu, eu já tinha 17 anos, tendo minha mãe e irmãos mais novos, agora sob minha responsabilidade. Éramos cinco, no total. Vivíamos de forma muito precária, em uma região que não apresentava condições para que melhorássemos de vida. Depois de muito pensar, resolvi tentar a sorte na cidade grande.

Só que sorte é uma coisa que o senhor sabe, não é doutor? Existe muita nos filmes e novelas, porque na vida real, para quem mal sabia ler e escrever, ela não iria dar o ar da graça tão facilmente.

Ao chegar à capital do estado, onde eu poderia morar

senão na rua? Os amigos que fui fazendo eram, em sua maioria, dependentes químicos, assaltantes de trocados, batedores de carteira e prostitutas. A educação que eu tinha era pouca, mas meu pai sempre passou valores muito sólidos em relação ao nosso proceder, influenciando na formação do nosso caráter de forma definitiva. Apesar de ser um homem simples, meu pai sempre prezou pela vida correta e honesta, afastando-se e, ao mesmo tempo, sendo exemplo de situações de conflitos. Nunca se envolveu com drogas ou álcool.

No meu caso, respeitava essas pessoas com quem convivia, até porque era para mim motivo de segurança, mas não me envolvia com ninguém. Procurei trabalho na área de construção civil, mas não tinha qualificação alguma. Minha vida se tornara mais difícil.

O doutor não pode imaginar a fome que eu passei. Às vezes pedia um pedaço de pão para as pessoas na porta de suas casas e, por vezes, era agraciado com um prato de comida mas, de outras, era enxotado, quando não punham cães para correr atrás de mim...

A fome dói e não passa. Não existe sábado, domingo e feriado para ela.

— Sei disso, senhor Jorge, sei disso...

— Como eu ia dizendo, doutor, depois de certo tempo, consegui um emprego como lavador de pratos em um restaurante e o dono me deixava dormir nos fundos, junto ao estoque de bebidas. Com isso, fui juntando um dinheirinho e ouvi um colega de trabalho dizer que ia tentar a sorte nos Estados Unidos porque lá era a terra em que se podia encontrar dinheiro na rua, dada a prosperidade daquele povo.

Fiquei encantado e tomei interesse pela história. Quando me informaram quanto cada um precisava para a viagem e como seria a entrada nos Estados Unidos, aceitei o desafio. Até porque o que eu tinha a perder?

Viajamos até o México e atravessamos a fronteira com um coiote que, além de nos tomar todo o pouco dinheiro que tínhamos, usou os meus dois colegas e mais alguns mexicanos de isca para os policiais de fronteira.

Talvez a sorte tivesse me favorecido, porque enquanto os policiais se ocupavam de alguns dos ilegais, eu consegui escapar e cruzar a fronteira.

Estava sem dinheiro, sem falar nenhuma palavra em inglês, como eu poderia me virar?

Fui em direção à cidadezinha que o coiote havia rabiscado em um mapa e dado para alguns de nós, juntamente com uma bússola. Orientou-nos para que não nos perdêssemos em virtude da travessia ser feita à noite, pois cruzaríamos áreas desoladas e poderíamos ser facilmente descobertos.

Como sempre tive bom senso de direção, fui parar em uma cidadezinha americana. A fome continuaria companheira constante durante os próximos dias, até que encontrei um brasileiro que buscava gente para trabalhar na construção civil.

O trabalho era pesado, mas tinha salário e almoço incluso. Me arrumaram um lugar onde morar. Esforcei-me ao máximo para aprender um pouco de inglês e comecei a fazer economia do dinheiro que ganhava. Com isso, passei a auxiliar minha mãe e meus irmãos que viviam praticamente na miséria absoluta.

Passei muita privação aqui também, doutor, porque minha família precisava muito mais do que eu. Mas, aos poucos, fui melhorando de vida, me especializando na área de construção,e com isso, meu salário foi também melhorando.

Consegui que minha mãe pudesse ter a sua própria casa. E hoje ela pode contar com um dinheiro que envio todos os meses para que tenha uma vida digna. Ela já está com idade muito avançada. Pude auxiliar meus irmãos para que começassem a estudar, podendo com isso melhorar o padrão de vida e sair da miséria em que viviam.

Passado um tempo, conheci Iolanda, que trabalha como cabeleireira e, depois de quase dois anos de namoro, resolvemos nos casar. Bem, o resto o senhor já sabe.

Confesso que fiquei sem palavras diante da história que havia tomado conhecimento. Eu, chateado e de mau humor por conta da batida no meu carro, enquanto pessoas que tinham passado miséria, a falta de tudo, mantinham a dignidade e a esperança de uma vida melhor. Pois é, a vida ensina mesmo. Às vezes reclamamos que perdemos os anéis para uma pessoa que não possui os dedos das mãos.

Eu, imigrante

Jennifer conversou comigo sobre a solicitação de minha cidadania americana. Confesso que, em matéria de tempo, andava tão envolvido com o trabalho e, tendo já renovado meu Green Card, adiei por um período. Não é que não achasse importante, mas gostaria de tratar desse evento com mais calma, pois é um assunto muito especial para mim.

E, de fato, tratei-o. Providenciei os documentos necessários, me submeti à chamada "provinha", que avalia o quanto a pessoa conhece do idioma inglês e da história do país, e tudo correu na mais perfeita ordem.

Marcaram a data da cerimônia para jurar a bandeira e, para surpresa minha, Jennifer havia convidado as pessoas que fizeram parte das minhas conquistas nos Estados Unidos. Estavam lá, acompanhados pelas esposas, o cubano, o doutor John, sogros e alguns amigos mais próximos.

Minha esposa sabia da importância daquele evento para mim. Não o evento em si, mas o que ele representava.

Pouco antes da cerimônia, as lembranças surgiram, uma após a outra. Uma verdadeira retrospectiva. Quantas coisas eu havia passado até chegar a este momento. Quantas provações ou mesmo privações. Para mim era uma medalha de um vencedor.

Não era apenas a questão da cidadania, mas esse país havia me acolhido através de gente que me tratou com respeito e dignidade, acreditando no meu potencial. Se era o país das oportunidades, com certeza havia agarrado a minha. Confesso que não foi nada fácil, mas existe conquista que se solidifique de maneira fácil?

Emocionei-me diante do oficial que pediu a mim, e aos demais que estavam na sala em condição idêntica a minha, que repetisse com ele o seguinte juramento:

I hereby declare, on oath,

That I absolutely and entirely renounce and abjure all allegiance and fidelity to any foreign prince, potentate, state, or sovereignty of whom or which I have heretofore been a subject or citizen;

That I will support and defend the Constitution and laws of the United States of America against all enemies, foreign and domestic;

That I will bear true faith and allegiance to the same;

That I will bear arms on behalf of the United States when required by law;

That I will perform noncombatant service in the Armed Forces of the United States when required by the law;

That I will perform work of national importance under civilian direction when required by the law;

And that I take this obligation freely without any mental reservation or purpose of evasion; so help me God.

*Eu declaro aqui meu juramento,

Que renuncio total e absolutamente e nego qualquer aliança e fidelidade a qualquer príncipe, potência, Estado ou soberania estrangeiros de quem ou do qual eu tenha sido um cidadão até a presente data,

Que apoiarei e defenderei a Constituição e as leis dos Estados Unidos da América contra todos os inimigos, estrangeiros ou não,

Que dedicarei de fé verdadeira e aliança ao mesmo,

Que carregarei armas em nome dos Estados Unidos quando exigido por lei,

Que executarei serviços de combate nas Forças Armadas dos Estados Unidos quando exigido por lei,

Que realizarei trabalhos de importância nacional sob a direção civil quando exigido por lei,

E que aceitarei essa obrigação livremente, sem qualquer restrição mental ou com propósito de evasão, que Deus me ajude.

As lágrimas corriam pelo meu rosto. A emoção me dominava completamente. Não tinha condições de dizer uma palavra sequer. Somente um pensamento ocupava minha mente: **"eu, um imigrante, era agora um cidadão americano".**

Umberto Fabbri nasceu em São Paulo, mas reside atualmente na Florida, EUA. Atua no movimento espírita há 34 anos, destacando-se como educador e orador.

Proferiu mais de 5.000 palestras públicas em congressos e seminários no Brasil e no exterior. Como escritor já publicou livros em português e inglês, que visam contribuir para a melhoria do ser humano.

É articulista de jornais importantes do meio espírita e correspondente internacional nos Estados Unidos.